Manfred G. Langer

Fit und Vital
mit der
natürlichen Gesundheitslehre

Manfred G. Langer

Fit und Vital mit der natürlichen Gesundheit

Das Gesundheits- und Fitneßprogramm für dynamische Menschen

Nutzen Sie die Kräfte, die in Ihnen stecken und gehen Sie gesund und vital in die Zukunft.

Waldthausen

1. Auflage 1996

Satz und Layout: Agentur & Satz, Ritterhude
Druck: Buchdruckwerkstätten Hannover GmbH

Dieses Buch wurde auf chlorfrei gebleichtem Papier gedruckt.
ISBN 3-89526-006-1
Printed in Germany

Inhaltsverzeichnis

Vorwort

von Dr. med. *Werner Bitter*

Eine Fülle von Schwächen, Müdigkeiten und Krankheiten körperlicher und geistiger Art kennzeichnet heute weltweit die Menschen der Industrienationen und in erschreckendem Maße zunehmend auch fast alle Völker, die noch nicht zu den Industrienationen gezählt werden. Überall, wo die sogenannte Zivilisation einzieht, zieht auch diese Fülle von Krankheiten ein, daher auch die Bezeichnung »Zivilisationsschäden«. Und das trotz der unbestrittenen Erfolge der wissenschaftlichen Medizin und trotz der Explosion der Kosten unseres Gesundheitssystems.

Das Wissen der *natürlichen Gesundheitslehre ist gesichert, da es zum einen die kritische Auswertung vieler Erfahrungen und langfristiger Verlaufsbeobachtungen von zahlreichen Fällen, zum anderen eine große Zahl einzelner naturwissenschaftlicher, ernährungsphysiologischer und medizinischer, psychologischer und aktueller Forschungsergebnisse zur Grundlage hat. Gerade die Koordination der Vielzahl unterschiedlicher naturwissenschaftlicher Forschungsergebnisse bestätigt die Erfahrungsberichte und Verlaufsbeobachtungen.*

Die natürliche Gesundheitslehre zeigt uns, daß wir für unsere Gesundheit selbst verantwortlich sind, und daß viele Krankheiten und eine zu kurze Lebenszeit nicht Schicksal sind, sondern von uns selbst verursacht werden. Trotz der vom einzelnen nicht zu beeinflussenden schädlichen Faktoren unterschiedlicher Art in der Umwelt, haben wir große Möglichkeiten, aktiv und eigenverantwortlich unsere Gesundheit aufzubauen und zu erhalten.

Gesund sein – gesund bleiben

Die natürliche Gesundheitslehre

Die natürliche Gesundheitslehre ist eine Anleitung zum gesunden Leben. Sie ist keine Heilmethode, sondern eine Lebensweise. Die natürliche Gesundheitslehre betrachtet den Körper als selbstregulierendes System, das sich selbst erhält, wenn die Selbstheilungskräfte gestärkt und unterstützt werden. Das geschieht durch einen ganzheitlichen Lebensansatz, der natürliche Ernährung genauso einschließt wie natürliche Bewegung, ein ausgeglichenes Gefühlsleben und eine natürliche Sexualität.

Die natürliche Gesundheitslehre integriert alle Bereiche zu einem sinnvollen Ganzen. Man fühlt sich damit rundum wohl, lebt bewußter und bringt Leistungskraft und Wohlbefinden auf eine nie gekannte Höhe.

Große Erfolge ohne Extrakosten

Die natürliche Gesundheitslehre kann von jedem Menschen sofort in die Tat umgesetzt werden, erfordert aber die Übernahme von Eigenverantwortung. Es entstehen keine Extrakosten, da ausschließlich auf natürliche und naturnahe Produkte und Methoden zurückgegriffen wird. Die natürliche Gesundheitslehre stellt die Grundlage für die Lebensform moderner, dynamischer Menschen dar.

Die natürliche Gesundheitslehre hat eine lange Geschichte

Die natürliche Gesundheitslehre blickt auf eine lange Geschichte und viele Erfolge zurück. 1822 stellte eine Gruppe nordamerikanischer Ärzte der Erfahrungsheilkunde den Zusammenhang zwischen natürlicher Ernährung und Gesundheit heraus. Sie betrachteten Krankheiten nicht länger als von außen kommende verursachte Störung, sondern als Reinigungsaktionen eines geschwächten Organismus. Die Konsequenz daraus bedeutet, daß die Lebensweise und vor allem die Ernährung so gestaltet sein sollten, daß Körper und Geist gar nicht erst verschlacken und verschleimen, wodurch die Abwehrkräfte geschwächt werden. Ernährung und Lebensweise müssen das Immunsystem stärken. Dann ist der Mensch gesund und glücklich. Einer der Urväter dieser Lebensweise war *Sylvester Graham*, der durch sein Graham-Brot weltbekannt wurde.

Unser Körper ist der beste Arzt – die natürliche Gesundheitslehre ermuntert uns, auf ihn zu hören!

Heute ist die natürliche Gesundheitslehre weit verbreitet. Vor zehn Jahren wurde sie durch den Waldthausen Verlag in Deutschland bekannt gemacht. Durch ständige Weiterentwicklungen, weltweiten Austausch und viele Erfolge hat die natürliche Gesundheitslehre, die zu allererst eine gesunde Lebenseinstellung ist, viele Freunde gewonnen.

Die Bedeutung der natürlichen Gesundheitslehre

Das Leben ist und wurde möglich, da bestimmte günstige Voraussetzungen gegeben waren und noch vorhanden sind. Einige dieser Voraussetzungen sind angenehme Temperaturen, das Vorhandensein von Sauerstoff und anderen Gasen, Mineralien und Wasser, und das Nichtvorhandensein tödlicher Substanzen. Da unsere heutige Lebensweise die Voraussetzungen, die Leben ermöglichen, immer weiter zurückdrängt, bringt uns die natürliche Gesundheitslehre zu unseren »Wurzeln« zurück.

Die natürliche Gesundheitslehre befaßt sich mit der Erforschung und Ausarbeitung jener Elemente und Einflüsse, die dazu dienen, unser Leben und Dasein qualitativ besser zu gestalten.

Die natürliche Gesundheitslehre beschäftigt sich mit Grundsätzen und Wahrheiten, die für das menschliche Leben einsetzbar sind. Diese sollten wir befolgen und uns zu Nutze machen.

Tiere in der freien Natur sind Kreaturen ihres Instinktes. Sie folgen ihrem Instinkt, damit sie ihre Bedürfnisse decken können. Deshalb gedeihen sie optimal im Einklang mit den Entwicklungsmöglichkeiten ihrer Umgebung.

Die Menschen besitzen ein größeres Potential für Glück und Lebensqualitäten als einfachere Formen des

Lebens in der Natur. Wir sind mit hochentwickelten Fähigkeiten ausgerüstet. Diese hervorragenden Fähigkeiten können uns während eines langen Lebens im Zustand höchsten Wohlbefindens halten.

Die natürliche Gesundheitslehre kann für die Menschen das sein, was der angeborene Instinkt für die Tiere ist. Wir haben auch Instinkte. Leider versagen wir oft dabei, unseren Instinkten zu folgen, da unsere Konditionierung dem entgegensteht. Häufig lehnen wir sie in unseren Lebenspraktiken ab. Unsere Instinkte sind durch ungesunde Lebensbedingungen in einer Welt, die nach normalem Standard als »verrückt« anzusehen ist, verschüttet und verdorben. Wenn die Menschen entgegen ihren Instinkten handeln, benehmen sie sich widernatürlich. Wenn ihre Lebensweise mit ihren Instinkten übereinstimmt und biologisch angepaßt ist, dann leben sie natürlich.

Das Wiederentdecken und die Beachtung unserer natürlichen Instinkte ist Teil der natürlichen Gesundheitslehre. Die natürliche Gesundheitslehre geht davon aus, daß sich die Natur nicht geirrt hat, als sie uns leitende Instinkte mitgab. Wir müssen vielmehr annehmen, daß die Menschen sich irren und damit Krankheiten und Leiden erzeugen.

Wir sind weit genug fortgeschritten, um feststellen zu können, was gut und was schlecht für uns ist. Wir sind tiefgründig genug in unserem Wissen, um eine Lebenslehre zu schaffen, die uns führt und uns das Glück und das Schicksal, das uns bestimmt ist, erkennen läßt.

Mit der natürlichen Gesundheitslehre kann man deshalb auf eine Art leben, die sich mit jedem Aspekt des menschlichen Lebens und des menschlichen Wohlbefindens beschäftigt.

Der sicherste Weg, die Richtigkeit eines Systems festzustellen, liegt darin, es einem Test zu unterwerfen. Hat man seine Richtigkeit festgestellt, so kann es als gültig betrachtet werden.

Von Anfang an als eine neue, eigentlich aber eine uralte Lehre hat sich die natürliche Gesundheitslehre bis zum heutigen Zeitpunkt zu einem System entwickelt, das sich mit allem beschäftigt, was mit dem menschlichen Wohlbefinden in Zusammenhang steht.

Die natürliche Gesundheitslehre widerlegt die gegenwärtigen Ansichten, daß Krankheit und ein schlechter Gesundheitszustand im Leben der Menschen unvermeidbar sind und vom Zufall und Umständen außerhalb ihrer eigenen Kontrolle und ihres eigenen Bereiches abhängig sind. Die natürliche Gesundheitslehre ist eine Lebensweise, eine Lebensphilosophie. Gesundheit kann nur durch gesundes Leben erhalten werden; sie kann weder über den Ladentisch der Apotheke gekauft, noch kann sie im Ärztezimmer oder im Krankenhaus gefunden werden. Heilen ist ein biologischer Prozeß, der innerhalb eines jeden Organismus ständig stattfindet.

- Das Leben ist bedeutungsvoll und soll mit Schönheit, Güte und Glück erfüllt sein.

- Die Menschen sind von Geburt aus gut, gerecht und rechtschaffen, und ihr guter Charakter wird unter idealen Lebensbedingungen sichtbar.

- Höchstes Wohlbefinden in der menschlichen Existenz ist normal und für die Verwirklichung höchster menschlicher Ideale notwendig.

- Höchste menschliche Leistungen können von allen erreicht werden, die die Gesetze und Praktiken verwirklichen, die Gesundheit und Wohlbefinden fördern.

- Die natürliche Gesundheitslehre umfaßt alles, was dem menschlichen Leben zuträglich ist. Sie zeigt den Weg zur höchstmöglichen Entwicklung des Menschen.

- Die natürliche Gesundheitslehre harmoniert mit der Natur. Sie steht im Einklang mit den Grundsätzen unserer vitalen organischen Lebensexistenz, ist korrekt in ihrer Lehre, begründet in Philosophie und Ethik, stimmt mit unserer Vernunft überein und ist erfolgreich in ihrer Anwendung.

- Der menschliche Körper ist ein selbständiger Organismus, der sich selbst leitet, selbst aufbaut, selbst erhält und selbst heilt. Er ist fähig sich in hervorragendem Zustand, frei von Krankheiten, zu erhalten, wenn seine Bedürfnisse richtig erfüllt werden.

Die wichtigsten Bedürfnisse sind frische Luft, reines Wasser, Ruhe und Schlaf, gesunde natürliche Ernährung, Sonnenlicht, ausreichende körperliche Bewegung (Arbeit in frischer Luft, Sport, Wandern, Schwimmen usw.), seelisches Gleichgewicht, angenehme Temperatur, Sauberkeit, konstruktive Arbeit, Selbstbestimmung, Erholung und eine angenehme Umgebung.

Die Menschen sind von ihrer ursprünglichen Anlage her für eine »SonnenKost« aus Früchten, Salaten, Gemüse, Nüssen und Samen in frischem, rohem, natürlichem Zustand geschaffen. »SonnenKost« bedeutet naturbelassene und natürlich – durch Sonnenlicht – gereifte Lebensmittel, im Gegensatz zur Zivilisationskost, die mit aufwendigen Produktionstechniken vielfach be- und verarbeitet ist, ehe sie in den Regalen der Supermärkte zum Kauf steht.

Krankheiten werden durch falsche Lebensgewohnheiten, u.a. besonders durch Ernährungsfehler verursacht. Krankheiten resultieren aus einer geschwächten Energiereserve und daraus folgender Toxämie (Vergiftung des Blutes). Unzureichende Energiereserven entstehen durch Streß, Apathie (Sichgehenlassen), Übermaß oder mangelnder Erfüllung der normalen Bedürfnisse des Lebens oder Belastung des Körpers mit Substanzen, die ungeeignet für ihn sind (Schlacken). Erholung von Krankheiten kann nur durch die Beseitigung ihrer Ursachen und durch Voraussetzungen, die die Heilung günstig beeinflussen, erreicht werden.

Berichtigung der energieraubenden, behindernden Lebensweise, Ruhe und evtl. Fasten sind die besten

Voraussetzungen, unter denen ein leidender Körper sich reinigen und selbst heilen kann.

Die natürliche Gesundheitslehre zeigt, daß höchstes Wohlbefinden nur durch biologisch richtiges Verhalten erreicht und erhalten werden kann. Sie ist aber weder eine Heilmethode noch ein Heilkult.

Jeder hat das unveräußerliche Recht auf einen reinen und unverseuchten Körper, frei von abnormalen Zwängen und Beschränkungen. Jeder Mensch hat die Freiheit (= Pflicht zur eigenen Entscheidung), seine Lebensbedürfnisse nach seinen Wünschen und Zielen gemäß den Naturgesetzen decken zu können.

Als in Gruppen lebende Kreaturen sind die Menschen von Natur aus einfühlsam, uneigennützig und moralisch, z. B. sind sie von Natur aus gerecht zueinander. Dies ist bedingt durch den Instinkt des Zusammenlebens.

Durch die unnatürlichen Verhältnisse innerhalb unserer Zivilisation sind heute aber viele Menschen orientierungslos. Unmenschliche Einflüsse, wie z. B. betrügerische Praktiken, Ausbeutung, Unsicherheit und andere Dinge innerhalb einer materiell ausgerichteten Gesellschaft, führen die Menschen vielfach auf einen falschen Weg.

Der einzelne bemüht sich aber normalerweise in Gegenwart anderer einen guten Charakter zur Schau zu stellen. Dies weist auf den angeborenen Drang und auf unsere Überzeugung hin, daß wir rechtschaffen sein wollen. In einer Gesellschaft, in der Zuversichtlichkeit existiert, können diese angeborenen Werte auch wieder Gültigkeit erhalten.

Das Leben sollte von der Geburt an bis zum natürlichen Tod ein erfreulicher Zustand sein. Glück und Gesundheit entspringen idealen Lebensbedingungen.

Die Menschen haben sich so hoch entwickelt, da sie sich der Umgebung ihren Möglichkeiten entsprechend gut angepaßt haben. Das bedeutet, daß Gesundheit normal und natürlich ist, wenn die unseren Bedürfnissen entsprechenden Lebensbedingungen geschaffen werden. Je mehr unerfüllte Wünsche es gibt, desto mehr Krankheiten (Zivilisation) können sich ausbreiten. Güte und Perfektion des Menschen entspringen idealen Lebensbedingungen und hiermit ist auch höchste Gesundheit verbunden.

Einfache Beobachtungen der Entwicklung komplexer Organismen, die sich auf die Vereinigung des Samens mit der Eizelle beziehen, zeigen uns, daß Lebenskräfte in uns wohnen. Ohne Hilfe von außen besitzt der Organismus eine innere Richtung, um sich von der befruchteten Eizelle zum Erwachsenen zu formen.

Dies weist auf folgende angeborene Eigenschaften hin:

- Organismen sind **selbst** programmiert.

- Organismen sind selbstleitend und selbstregierend.

- Organismen sind selbstgenügend, wenn die erforderlichen Lebensstoffe zur Verfügung gestellt werden.

- Organismen sind selbstaufbauend in Übereinstimmung mit ihrem genetischen Entwurf.

- Organismen sind selbstverteidigend und selbsterhaltend. Sie verteidigen sich selbst gegen alle internen und externen Bedrohungen.

Keineswegs ist die natürliche Gesundheitslehre nur auf Ernährungsfragen begrenzt. Nur wenige Ernährungs- und Gesundheitsexperten beschäftigen sich aber mit den vielseitigen Aspekten der natürlichen Gesundheitslehre als Philosophie, die alle Fakten des Wohlbefindens einschließt.

Ernährung ist ein Teil der natürlichen Gesundheitslehre. Darüber hinaus beschäftigt sie sich auch mit Fragen des geistig-seelischen Bereichs. Dazu gehören auch Faktoren unserer Umwelt im großen und im kleinen. Alles, was mit dem menschlichen Wohlbefinden in Zusammenhang steht, ist eingeschlossen.

Was ist Gesundheit?

Konventionell wird das Fehlen einer Krankheit als Gesundheit bezeichnet. Tatsächlich sind aber 99% der Menschen auf irgendeine Weise krank, gleichgültig, wie gesund sie auch zu sein scheinen.

Die Definition der Weltgesundheitsorganisation (WHO) zur Gesundheit lautet folgendermaßen: *»Gesundheit ist ein Zustand körperlichen, psychischen und sozialen Wohlbefindens«.*

Wahrscheinlich erfolgte noch niemals eine bessere Beschreibung der Gesundheit als von Dr. *Herbert M. Shelton*. Seine Definition lautet:

> *»Gesundheit ist der Zustand einer perfekten Entwicklung, ein Zustand von Ganzheit, harmonischer Entwicklung und harmonischen Wachstums, die Anpassung jeden Teils des Organismus an den anderen.*
>
> *In diesem Zustand organischer Entwicklung liegt die Perfektion und Symmetrie der Schönheit. Schönheit ist die Reflektion der Ganzheit, der Gesundheit. Es ist leicht zu demonstrieren, daß Formen und Proportionen der Menschen, der Tiere und einer jeden Pflanze am schönsten sind, wenn sie gesund sind.*
>
> *Wenn jeder Knochen seine ideale Form und Größe für seinen Dienst im Organismus hat, dann bestehen*

perfekte Proportionen. Wenn jeder Muskel voll und proportional entwickelt ist, mit gerade der richtigen Menge Fett und Zellgewebe, um die Muskel abzurunden, dann können wir die höchsten Schönheitsformen erkennen.

Größte Schönheit ist Ausdruck größter Gesundheit. Teilweise Schönheit, entschwindende oder zerstörte Schönheit sind Zeichen einer entschwindenden oder gestörten Gesundheit.

Wenn wir unter einer Schwäche oder einer Behinderung leiden, können wir nicht sagen, daß wir gesund sind. Wir können uns in einem relativ guten Gesundheitszustand befinden, aber in dem Maße, in dem wir keine perfekten Körperfunktionen besitzen, sind wir auch nicht gesund.

Wir leben in einer Welt, in der Krankheit eher die Norm als eine Seltenheit ist. Es ist unsere Aufgabe, Gesundheit zur Norm zu machen und Krankheit zur Seltenheit.«

Wir Menschen würdigen Schönheit am ehesten. Alle Menschen könnten der Inbegriff von Schönheit sein, wenn sie richtig lebten! Wir erkennen ohne weiteres die Schönheit der Vögel, der Blumen und sonstigen Naturlebens. Aber unsere Mitmenschen, ob alt oder jung, ob nett oder unsympathisch, stören zum großen Teil auf irgendeine Weise unsere ästhetischen Sinne. 40% unserer Bevölkerung sind z. B. übergewichtig.

Das Gefühl von Euphorie, Freude und vollkommenem Wohlbefinden ist die Folge einer guten Gesundheit. Gesunde Menschen lächeln gewöhnlich und haben einen schönen Gesichtsausdruck. Trübsinnigkeit und traurige Mienen weisen auf einen ungesunden Zustand hin. Nichts absorbiert Schönheit, Funktionen, Glück und Wohlbefinden mehr, als ein Körper, der mit Schadstoffen, die durch falsche Lebensgewohnheiten aufgenommen wurden, belastet ist. Der Umkehrschluß lautet: Nichts schadet dem Körper mehr als das Fehlen von Glück, Wohlbefinden, Harmonie usw.

Von der Natur her ist eine perfekte Gesundheit normal. Alle Kreaturen der Natur sind ihren Lebensbedingungen in idealer Weise angepaßt. In der Natur ist eine vollkommene Gesundheit der Normalzustand aller Existenzen. Tiere besitzen keine Kenntnisse oder ein Rezept für ein gesundes Leben. Sie leben auf natürliche Weise gesund. Sie tun nur das, was ihnen ihr Instinkt vorschreibt.

Man könnte meinen, daß mit unserer technologischen Gesellschaft, die an der Spitze der Entwicklungen zu stehen glaubt, die menschliche Gesundheit Schritt gehalten hätte und besser wäre als je zuvor. Das Gegenteil ist aber der Fall.

Technologischer Fortschritt baut auf sich selbst. Obwohl in degenerierendem Zustand, besitzt der Mensch genügend Intelligenz, um eine hochentwickelte Gesellschaft zu bilden und zu erhalten. Trotz körperlicher Degeneration ist das Bewußtsein immer das zuletzt beeinflußte Organ in Notzuständen, wie bei Krankheit, Hungersnot und körperlicher Entkräftung.

Eine vollkommene Gesundheit ist möglich, wenn die Gesundheitsbedingungen ideal sind. Mit unserer Intelligenz und umfassenden Technologie können wir praktisch überall in den bevölkerten Teilen der Welt auch Voraussetzungen für ein gesundes Leben schaffen.

Schon seit ewigen Zeiten haben sich Organismen entwickelt, um den veränderten Umweltbedingungen und Nahrungsvorräten, die in den unterschiedlichen Umgebungen produziert werden können, gewachsen zu sein. Die Bedingungen reichen für alle Kreaturen der Erde vom Idealzustand bis zum Unmöglichen. Dies gilt sogar für die mikrobischen Formen des Lebens. Vollkommenheit entsteht durch Anpassungsfähigkeit, durch die Bewältigung von Umwelteinflüssen. Die Anpassung brachte Organismen hervor, die trotz aller wunderlichen Launen der Natur perfekt funktionieren.

Menschen und Tiere bezeugen, daß Gesundheit normal und natürlich ist. Wir sehen Tiere, die in freier Natur geboren werden, eine natürliche Lebensspanne leben, dann natürlich sterben ohne jemals Schwächen oder Krankheiten erlitten zu haben. Aber trotz all unserer modernen Lebenspraktiken sehen wir auch Menschen, denen es die meiste Zeit mehr oder weniger gut geht. Angesichts unserer Gesundheitserfahrungen und Beobachtungen an vielen Menschen, die bei einer natürlicher Lebensweise frei von Krankheiten blieben, gibt es nur eine unvermeidliche Folgerung: Gesundheit ist ein Normalzustand. Sie ist unser Geburtsrecht.

Der Sinn von Krankheiten

Es ist notwendig, daß wir die Natur und den Zweck von Krankheiten verstehen. Es gibt nur wenige Krankheiten deren Ursache in Mangelerscheinungen zu suchen ist. Fast alle Krankheiten beruhen auf Toxämie oder Toxikose. Das bedeutet Blutvergiftung oder Körpervergiftung. Sind die Ursachen einer Krankheit beseitigt und die Grundlagen für die Gesundheit geschaffen, so ist der Körper nicht mehr länger bedroht und die günstigen Einflüsse gesundheitsbildender Stoffe und Faktoren versetzen den Körper in die Lage, die Gesundheit wieder herzustellen und zu erhalten.

Der Prozeß der Krankheiten ist eine vom Körper verursachte und geleitete Aktivität, deren Zweck darin liegt, den Körper von angesammelten toxischen Stoffen zu befreien und geschädigte Zellen und Gewebe zu heilen.

Krankheiten beeinträchtigen den ganzen Menschen und nicht nur einen Teil. Die Krankheit dient einem wichtigen Zweck. Der Körper leitet eine heilende Krankheit ein, um ein Ziel zu erreichen. Dieses Ziel dient dem gesamten Menschen, dem Körper und nicht nur einem Organ, einem Bereich oder einem Teil. Es kann sein, daß wir wissen, daß unsere Nieren krank sind. Tatsächlich ist aber unser ganzer Körper krank. Die Tatsache, daß die Symptome nur an den Nieren feststellbar sind, bedeutet nicht, daß der Rest des Körpers unbeeinträchtigt ist.

Wir kümmern uns um unsere Zehen, Finger, Ohren, Beine, Augen, Arme – wir schützen unseren ganzen Körper, da dieser eine Einheit ist. Es gibt keine isolierten Teile, um die wir uns nicht zu kümmern brauchen, ob bewußt oder unbewußt.

Wir haben keine örtlich begrenzte Krankheit. Wir leiden überall. Ein entzündeter Blinddarm z. B. ist mit Giftstoffen überladen, da der **ganze** Körper überladen ist. Der Körper versucht die Überlastung auszuscheiden, aber die Last ist so groß, daß der Blinddarm mehr belastet ist, als er bewältigen kann. Dieser Zustand ist bei allen heilenden Krankheiten gleich, bei denen ein bestimmtes Organ die einzige Beeinträchtigung aufzuweisen scheint.

Krankheiten werden vom Körper herbeigeführt. Wir nennen diesen Prozeß eine »Hausreinigung« oder Heilkrise. Das Maß der Vitalität auf der einen – und Überlastung auf der anderen Seite, bestimmt die Art der Krisen. Das Kind besitzt eine hohe Vitalität, dementsprechend ist das Maß der Vergiftung, die toleriert wird, sehr niedrig. Bei Kindern sind Erkältungen häufig. Das erscheint zunächst widersprüchlich, zumal bei uns Erwachsene oft auch erkältet sind (aber Kinder im Vorschulalter doch häufiger, wenn man die laufende Schnupfnase dazurechnet). Bei Kindern reicht schon eine relativ geringe Ansammlung toxischer Stoffe zur Auslösung einer heilenden Krise, da noch viel reagierende Vitalität vorhanden ist. Nur wenige ältere Menschen besitzen einen vitalen Körper. Die meisten von ihnen sind durch toxische Überbelastung mit chronischen, degenerativen Krankheiten (Zivilisationskrankheiten) behaftet, was zu »plötzlich auftretendem« Krebs oder unerwartetem Tod führen kann.

Der Körper muß sich in einem toxischem Zustand befinden, bevor er eine Heilkrise herbeiführt. Mikroorganismen wie z. B. Bakterien, sind unfähig, gemeinsame Aktionen auszuführen. Sie können gar nicht existieren, wenn keine Nahrung (Nährboden) für sie vorhanden ist. Lebendige Zellen sind kein Nährboden für Bakterien.

Bakterien sind hilflos gegen lebendige Zellen. Eine »Invasion« durch Bakterien, so wie wir uns das bei Ansteckung vorstellen, findet niemals statt. Bakterien, die sich während einer Krise vermehren, sind immer bei uns. Wir beherbergen Milliarden von Mikroorganismen in unserem Verdauungskanal, auf unserer Haut, im Mund, in der Nase und in anderen Körperhöhlen. Der Körper ist der einzig Handelnde in der Ausscheidungs- oder Reinigungskrise, die man als Krankheit bezeichnet. Bakterien und Viren können nicht für Krankheiten verantwortlich gemacht werden.

Bakterien oder Viren für Krankheiten verantwortlich zu machen, ist ein einfacher Ausweg. Es ist nicht leicht, einem Patienten zu sagen, daß er seine Misere selbst verursacht hat. Deshalb wird alles und jedes für Krankheiten verantwortlich gemacht, aber die Ursache wird nicht im Versagen des einzelnen gesucht.

Der Körper bringt eine Krise hervor, um sich von toxischen Stoffen zu befreien. Folglich benötigt der Körper Energien, die er sonst für die normalen Körperaktivitäten verwendet und benutzt diese für die Heilkrise.

Der Körper lehnt alles ab, was irritierend ist. Gelangt z. B. Staub in die Nase, sondert der Körper Schleim ab, um den Staub zu umschließen und die irritierende Substanz auszustoßen, oder man muß niesen. In beiden Fällen handelt der Körper verteidigend. Daraus folgt, daß alle heilende Krankheiten Selbstverteidigungsaktionen sind, d.h. Schadstoffe werden ausgeleitet.

Bakterien dringen nicht in den Körper ein. Sie sind immer und in jedem Organismus vorhanden. Auch nach einer Fastenkur, die unsere Darmflora verändern kann, sind Bakterien trotzdem noch vorhanden. Bakterien können in vielen Fällen das tun, wozu der Bär und viele andere Tiere in der Lage sind – überwintern und schlafen.

Die medizinische Welt befaßt sich hauptsächlich damit, die Symptome von Krankheiten mit Medikamenten zu behandeln. Mediziner suchen nach etwas, das so nicht existiert, und nach unzähligen Millionen von Arbeitsstunden, in denen sie Mikroben als Gegner von Gesundheit entlarven wollten, wissen sie immer noch nicht, daß Viren, Bakterien oder sonstige Mikroorganismen nicht die Ursache von Krankheiten sind.

Sie haben das Phänomen der Krankheit genauestens ausgearbeitet und über 20.000 verschiedene Krankheiten aufgezeichnet. Diese wurden nach Körpergebieten bezeichnet, die am meisten in Mitleidenschaft gezogen sind. Manchmal haben sie auch Doppelnamen, bedingt durch die Anzahl der Organe, der Organsysteme oder

der Gewebe, die angegriffen sind. Toxikose ist die universale Ursache der Krankheiten. Tatsächlich gibt es nur eine einzige Krankheit, gleichgültig, wie sich diese zeigt. Die Krankheit, die wir als konstruktive (akute) Krankheit bezeichnen, wird vom Körper durch Toxikose (Überfrachtung mit Giftstoffen) selbst hervorgerufen und ist als Heilkrise oder Hausreinigung zu sehen.

Die sieben Stadien einer Krankheit

Es gibt verschiedene Stadien einer Krankheit. Die Ursache einer Krankheit in allen Stadien ist zuerst Entkräftung, Entvitalisierung, in deren Folge eine Vergiftung beginnt. Obwohl Vergiftungen viele Ursachen haben können, werden sie aber grundsätzlich durch unzureichende Lebensenergie hervorgerufen, um die exogenen (durch Nahrung und Umwelt zugeführten) Gifte und Körperabfälle ausreichend auszuscheiden. Der Begriff Toxämie (Vergiftung) deckt nicht den gesamten Vergiftungsprozeß ab, sondern bezieht sich nur auf die Vergiftung des Blutes. Tatsächlich gibt es noch die Toxikose. Gewebe, Zellen und Bereiche in den Därmen sind mit Giften beladen. Kurz gesagt, der gesamte Körper ist bei einer Toxikose vergiftet.

Krankheiten zeigen viele unterschiedliche Aspekte, die sich mit fortschreitender Zerstörung des Organismus entwickeln.

1. Entkräftung

Dieses erste Stadium wird meistens gar nicht als Krankheit erkannt. Wir bezeichnen das erste Stadium als Entkräftung. Die meisten Menschen nennen es **nervöse Erschöpfung**. Entkräftung ist ein Zustand, wenn der Körper entweder nicht genügend Energie für die täglichen Aufgaben hat oder die Aufgaben, die der Mensch ausführen muß, sind größer, als sie mit dem normalen Energievorrat bewältigt werden können. In jeder Hinsicht wird der Körper geschädigt, und der geschädigte Körper entwickelt weniger Energie, wenn der Zustand der Überlastung andauert. Die meisten Menschen wissen, wann sie unter nervöser Erschöpfung leiden.

Entkräftung kann auf viele verschiedene Arten durch Verschwendung von Lebensenergie verursacht werden. Schlaf regeneriert Lebensenergie. Es ist offensichtlich, daß unzureichender Schlaf unsere Bedürfnisse nicht deckt. Unsere Batterien werden nicht vollständig aufgeladen. Wir brauchen Schlaf, um Energie für den Verstand und für das Nervensystem zu erhalten.

2. **Toxämie oder Toxikose**

Wenn toxische (giftige) Substanzen, gleichgültig welchen Ursprungs, Blut, Gewebe, das Lymphsystem und die interstitiellen Flüssigkeiten (Flüssigkeiten des Zwischenzellgewebes) durchdringen, liegt eine Toxämie oder Toxikose (Vergiftung) vor.

Ein funktionierender Organismus erzeugt eine enorme Menge an toxischen Nebenprodukten. Wir erzeugen genug Kohlendioxyd, um uns innerhalb weniger Minuten zu töten. Würden unsere Lungen ihre Arbeit aufgeben, würde die Ansammlung von Kohlendioxyd und der

Mangel an Sauerstoff uns sehr schnell umbringen. Wir können nur eine gewisse Menge an Kohlendioxyd tolerieren. Dies ist eines von vielen Abfallprodukten.

Es gibt Billionen von Zellen im menschlichen Körper. Milliarden dieser Zellen sterben jeden Tag ab und werden durch neue Zellen ersetzt. Die alten Zellen werden von Lysosomen, das sind Enzyme, die in einer kleinen Organelle innerhalb der Zelle leben, abgebaut. Nach dem Tod der Zelle zerlegen diese Enzyme die Zelle in viele kleine Bestandteile, damit sie ausgeschieden werden. Man bezeichnet diese Bestandteile als Abfall (oder Schlacken, Stoffwechselrückstände). Einige dieser Komponenten, wie z.B. Eisen oder Aminosäuren aus dem Eiweißstoffwechsel, werden wieder aufbereitet. Ca. 95% des Eisenbedarfs und 70% des Eiweißbedarfs des Körpers werden durch Wiederaufbereitung gewonnen. Auch bestimmte andere Körperbedürfnisse werden durch Wiederaufbereitung gedeckt. Andere Komponenten der zersetzten Zellen sind RNA (wichtig für Eiweißsynthese und DNA-Transport) und DNA (Speicherform der Erbinformation). Diese sind in unserem System giftig. Wenn sie sich ansammeln, wie das bei den meisten heutigen Menschen der Fall ist, dann haben wir einen Vergiftungszustand (Toxämie und Toxikose).

Die Sättigung des Gewebes und des Blutes mit toxischen Stoffen geschieht durch innerlich erzeugte Abfälle (Stoffwechselendprodukte) und durch Verunreinigungen, die dem Körper von außen zugeführt werden und die der Körper nicht aus seinem vitalen Bereich auszuscheiden vermochte. Vergiftung wird hervorgerufen, wenn wir unseren Körper mit giftigen Stoffen von außen uberlasten oder wenn wir unsere Kapazitäten überschreiten. Wenn wir zuviel arbeiten, nicht genügend schlafen, zu großem Streß unterliegen oder wenn durch andere Faktoren die Energie des Körpers verschwendet und eine ausreichende Regeneration verhindert wird. Streß, emotionale Schocks oder traumatische Erfahrungen können die Energien des Körpers sehr schnell erschöpfen. Es ist, als ob man die Batterie eines Autos überbelastet.

3. **Irritation**

Irritation resultiert aus toxischen Stoffen, die durch das Nervennetzwerk wahrgenommen werden. Die meisten von uns zollen diesem Zustand wenig Beachtung, und auch Ärzte messen ihm im allgemeinen weiter keine große Bedeutung bei. Wenn es uns juckt, wenn wir uns unwohl fühlen, uns sehr schnell aufregen, unruhig sind oder Stellen und Teile haben, die nicht gerade schmerzen, aber doch als störend oder belastend empfunden werden, dann besteht eine Irritation. Das Kitzeln in der Nase ist z. B. eine Art von Irritation. Ansammlungen von Schleim an den Schleimmembranen sind irritierend. Irritationen sind aber noch nicht schmerzvoll. Sie sind ein sanfter Anstoß, der uns dazu bewegen soll, uns von dieser Unpäßlichkeit zu befreien. Zum Beispiel ist der Drang zu urinieren oder Stuhlgang zu haben eine Art von Irritation, die durch die Ansammlung von Abfällen, die so groß ist, daß das Wohlbefinden des Körpers beeinträchtigt ist, hervorgerufen wurde. Diese Notdurft ist nicht schmerzhaft, wenn sie nicht ignoriert wird. Wenn sie einen Punkt erreicht, bei welchem zu viel Druck in diesem Bereich erzeugt wird, ist die Irritation fast schmerzhaft. Dann sehen wir uns veranlaßt, uns mit dem Problem auseinanderzusetzen.

Trinkt ein Mensch zuviel Alkohol, sagen wir, daß er berauscht ist. Dies ist ein gutes Beispiel für eine exogene Vergiftung. Obwohl jeder Alkoholkonsum dem Organismus Schaden zufügt, kann der Körper kleine Mengen Alkohol schnell ausscheiden, bevor viel Schaden verursacht wird. Erhöht man die Einnahme, ist die Ausscheidung proportional geringer und der Schaden entsprechend größer. Das erste alkoholische Getränk ruft nur Irritation hervor, die wir als Stimulation bezeichnen. Jeder toxische Stoff, ob Salz, Kaffee oder Gewürz, irritiert oder stimuliert. Dies ist ein Zustand, in dem der Körper seine Verteidigungsmechanismen bereitstellt und seine inneren Aktivitäten beschleunigt. Man kann dies auch mit der Alarmbereitschaft auf einem Schiff vergleichen, wenn alle Kräfte aufgerufen werden. Durch den Einfall feindlicher Kräfte erfolgt höchste Aktivität. Oftmals fühlen wir uns dadurch besser, aufgeputscht oder sogar euphorisch.

Wenn die Ursachen der Entkräftung/Vergiftung und Irritation bestehen bleiben und der Körper diese nicht bewältigen kann, führt er eine entsprechende Krise herbei, die als Entzündung bezeichnet wird.

4. **Entzündung**

Das ist gewöhnlich das Stadium, in welchem Ärzte eine Krankheit konstatieren. Es ist das Stadium, in dem

Leidende sich darüber klar werden, daß ein Problem besteht, da Schmerzen vorhanden sind. Dies beinhaltet auch die körperliche Umleitung der vitalen Energien. Der Verdauungsapparat wird geschlossen. Energie, die normalerweise für Aktivitäten in diesem Bereich zur Verfügung steht, wird ausgeschlossen und für die massiven Bemühungen umgeleitet, die sich mit dem ernsthaften Vergiftungszustand auseinandersetzen müssen. Wenn die Unversehrtheit des Organismus durch schädliche Einwirkungen zerstört oder bedroht werden könnte, meistert der Körper die Notlage so gut wie möglich.

Bei Entzündungen sind die Giftstoffe normalerweise in einem Organ oder einem bestimmten Bereich konzentriert zum Zwecke einer massiven Ausscheidungsbemühung. Dieser Bereich entzündet sich durch die konstante Irritation aufgrund toxischer Materialien. Es gibt die unterschiedlichsten Arten von Entzündungen, z. B. Blinddarmentzündung, Mandelentzündung, Leberentzündung oder Nierenentzündung. Alle diese Entzündungen erfolgen durch die Überbelastung der vier unterschiedlichen Reinigungs- und Ausscheidungsorgane.

Die Entzündung erhält gewöhnlich ihre Bezeichnung nach dem Organ oder Gewebebereich, das in Mitleidenschaft gezogen ist. Viele Entzündungen sind durch die Endung »itis« gekennzeichnet, wie beispielsweise Rhinitis (Schnupfen), Tonsilitis (Mandelentzündung), Hepatitis, Bronchitis usw. Diese Krankheiten bestehen, da der Körper in diesen Fällen das in Mitleidenschaft gezogene Organ ausgewählt hat, um die außergewöhnliche toxische Last hier auszuscheiden. Ein Mensch hat Asthma, weil der Körper die Bronchien als Auslaß für toxische Stoffe gewählt hat. Dieser Zustand ist chronisch, wenn er unaufhörlich ist. Vergiftet der Leidende sich weiterhin, so wird auch der Körper weiterhin seine Überlast durch die Bronchien oder Lungenbläschen ausscheiden.

Entzündung oder Fieber ist eine Körperkrise, die als Erwiderung zu einer lebensbedrohenden Situation angesehen werden kann. Der Körper, und nur er allein, erzeugt das Fieber. Es ist ein Beweis oder ein Symptom von erhöhter oder intensiver Körperaktivität, die den Zweck hat, die Reinigung oder Heilung des Körpers vorzunehmen.

Die außergewöhnliche Energie, die für das Fieber benötigt wird, geht zu Lasten der Energien, die sonst für die Verdauung, für Arbeit oder Spiel, für Denken, Sehen usw. eingesetzt werden. Fieber ist eine heilende Aktivität. Fieber zu unterdrücken ist damit gleichzusetzen, als ob man einem ertrinkenden Mann auf den Kopf schlagen würde, damit er aufhört zu kämpfen. Wenn z. B. Rhinitis- oder Grippeerkrankte mit Medikamenten behandelt werden, beendet man den Selbstheilungsprozeß. Die Ausscheidungsbemühungen werden unterdrückt und die Vergiftung erhöht sich, bis andere Organe, gewöhnlich die Lungen, von den Giften durchdrungen sind – aber nicht nur mit den intern erzeugten Giften, sondern auch noch mit den zugeführten Arzneimitteln. Wenn die Körpervitalität sich wieder behauptet, kann eine Lungenentzündung das Ergebnis sein.

Entzündung ist das vierte Krankheitsstadium und die intensivste Bemühung des Körpers, sich zu reinigen und sich wiederherzustellen. Das nächste Krankheitsstadium ist zerstörend und degenerativ. Das geschieht, wenn mit den Ursachen der allgemeinen Körpervergiftung fortgefahren wird.

5. **Vereiterung (Geschwürbildung)**

Geschwürbildung bedeutet, daß eine große Anzahl von Zellen und Gewebestrukturen zerstört wird. Körpersysteme werden durch die Unfähigkeit des Körpers abgetötet, ständig in einer toxischen Umgebung zu leben. Wenn Gewebe zerstört ist, bleibt eine Lücke oder ein Hohlraum zurück. Ein Beispiel hierfür ist ein Lippengeschwür. Verletzungen und Geschwüre können auch in anderen Bereichen des Körpers auftreten. Diese sind oft sehr schmerzvoll, da sie die Nerven offenlegen.

Der Körper benutzt ein Geschwür als Auslaß für eine außergewöhnliche toxische Ansammlung, um sich zu erleichtern. Er wird das Geschwür heilen, wenn die Ursachen dafür beseitigt werden oder wenn sich der Vergiftungsgrad bedeutend erniedrigt. Dieser Heilprozeß hinterläßt bindegewebige Narben, wodurch es letztlich dann zu Verhärtungen kommt.

6. **Verhärtung**

Gewebe können sich verhärten oder Hohlräume mit hartem Gewebe füllen. Vernarbung beispielsweise ist eine Art der Verhärtung. In diesem Krankheitsstadium liegt der Zweck der Verhärtung darin, den Hohlraum auszufüllen und die toxischen Stoffe, die den Körper bedrohen, in einen Sack von Gewebe einzukapseln. Das Geschwür und die toxischen Materialien sind durch das verhärtete Gewebe, das sie umschließt, versiegelt. Dies ist ein Weg, toxische Stoffe zu isolieren und wird auch als Tumorbildung bezeichnet. Dieser Zustand wird in vielen Fällen als Krebs diagnostiziert, obwohl tatsächlich gar kein Krebs vorhanden ist.

Verhärtung ist das letzte Stadium, wo der Körper kontrollierend eingreifen kann. Wenn aber die krankmachenden Gewohnheiten weiterhin praktiziert werden, so werden die Zellen und Gewebe unkontrollierbar. Sie überleben selbständig, so gut sie können. Zellen werden parasitisch – sie leben von den Nährstoffen, die sie von der Lymphdrüsenflüssigkeit erhalten, und fügen nichts zur Körperökonomie bei. Sie sind desorganisiert. Ihr genetischer Schlüssel ist durch die Gifte verändert worden. Sie sind in Verbindung mit der vitalen Körperwirtschaft nicht mehr zu intelligenten, normalen, organisierten Handlungen fähig. Wenn die Zellen außer Kontrolle geraten, spricht man von Zellwucherungen, Krebs.

7. **Krebs**

Der Endpunkt der Entwicklung von Krankheiten ist oftmals Krebs oder AIDS. Dies ist das letzte Krankheitsstadium und meistens tödlich, besonders, wenn die Ursachen, die diesen Zustand hervorgerufen haben, nicht abgestellt werden. Die Beendigung dieser Ursachen und das Beginnen mit gesunden Praktiken kann diesen Zustand zum Stillstand bringen, und in vielen

Fällen kann der Körper so revitalisiert werden, daß sogar Krebszellen zur gesunden Zellfunktion reorganisiert werden.

Die Stadien der Krankheiten sind sehr verschieden in ihrem Charakter, die Grenzen sind aber mehr oder weniger willkürlich festgelegt. Bei Versuchen Krankheiten zu kategorisieren, ist es schwierig zu definieren, wann eine Entwicklung in die andere übergeht. Es ist schwer, die Trennlinien genau festzusetzen.

Um eine Krankheit zu verstehen, müssen wir auch die Gesundheit verstehen. Gesundheit besitzt ein Mensch, wenn seine Funktionen reibungslos arbeiten und er voller Kraft ist. Krankheit ist nicht das Gegenteil von Gesundheit, sondern Ausdruck gesunder Vitalität, während ein Mensch unter der Last einer Toxikose leidet. Krankheit ist eine vom Körper veranlaßte Krise zum Zwecke der Reinigung und Wiederherstellung.

Krankheiten werden durch eine ungesunde Lebensweise hervorgerufen.

Es ist falsch, wenn wir meinen, wir müssen Krankheiten bekämpfen. Es gibt keine Krankheit ohne Ursache. Wir müssen nur die einfachsten Lebensbedürfnisse decken, durch die die Gesundheit erhalten wird. Wir sollten möglichst reines Wasser trinken, wenn wir Durst haben, und gesunde Nahrung (rohe reife Früchte, Gemüse, Salate, Nüsse und Samen) zu uns nehmen, wenn wir Hunger haben.

Des weiteren brauchen wir reine Luft, Sonnenlicht, Ruhe und Schlaf, behagliche Umgebung, gute Freunde – kurz gesagt, wird sind auf Harmonie eingestellt. Wir sind so erschaffen, daß wir automatisch gesund sind, wenn alle unsere körperlichen, geistigen, emotionellen, intellektuellen und ästhetischen Bedürfnisse gedeckt sind.

Die wichtigsten Lebensbedürfnisse für eine natürliche Gesundheit

Unsere Lebensbedürfnisse müssen befriedigt werden, wenn wir gesund bleiben wollen. Die Menschen verfügen über eine Vielfalt von Fähigkeiten, und diese müssen so oft wie möglich genutzt oder benutzt werden. Fähigkeiten, die nicht benutzt werden, liegen brach und verkümmern.

Zu den Lebensbedürfnissen gehören: reine Luft, reines Wasser, natürliche Ernährung mit natürlichen, rohen Lebensmitteln, Reinheit des Körpers, richtige Temperatur, Schlaf, Bewegung, Ruhe und Entspannung, Sonnenschein, Erholung und Spiel, Harmonie von Lebenssicherheit, angenehme Umgebung, kreative, nützliche Arbeit, Gruppenzugehörigkeit, natürliche Instinkte, Motivation, Liebe und Verständnis, Selbstachtung, Selbstvertrauen, Selbstwertgefühl.

Reine Luft

Luft ist ein ursprünglicher und essentieller Lebensbedarf. Luft muß in ausreichenden Mengen zur Verfügung stehen und sollte sowohl frei von Verunreinigungen als auch von Ausatmungsluft sein. Dies bedeutet, daß ausreichende Belüftung in Gebäuden oder geschlossenen Räumen erforderlich ist und daß wir keine verunreinigenden Substanzen in unseren Häusern oder an unseren Arbeitsstätten verwenden sollten.

Die Luft, die wir atmen, sollte so rein wie möglich sein. Atmen wir keine reine Luft, so kann es zu Vergiftungen kommen, die zu Krankheiten oder sogar zum Tode führen können.

Heute ist die Luft mit Verunreinigungen belastet. Die Menschen haben sich an die Verunreinigungen der Luft über Millionen von Jahren gewöhnt. Heute ist aber die Luft mit so immensen Mengen an Schmutzteilen belastet, daß wir uns daran nicht mehr anpassen können. Kohlenmonoxyd ist z. B. in der Luft der Städte häufig in so großen Mengen vorhanden, daß unsere Gesundheit ernsthaft belastet wird. In städtischen Gebieten finden wir auch große Mengen an Blei, Kohlenwasserstoffen und anderen ungesunden Substanzen in der Luft, die wir gar nicht mehr bewältigen können. Auch die Ozonschicht, die uns vor den gefährlichen ultravioletten Strahlen schützen soll, wird zunehmend dünner und weist bereits riesige Löcher auf.

Heute erhalten wir nur einen Bruchteil an sauerstoffreicher Luft, die wir für unsere Gesundheit benötigen. Das Problem der allgemeinen Luftverschmutzung wird noch komplizierter, da wir uns meistens in geschlossenen Räumen in unseren Häusern oder an unserem Arbeitsplatz aufhalten, wo wir konstant unsere eigene verbrauchte Luft einatmen sowie große Mengen an Verschmutzungsteilchen, die anderweitig entstehen.

Wir sollten soviel frische Luft wie möglich bekommen. Ideal wäre, im Ursprungszustand der Natur in gänzlich frischer Luft zu leben. Würde sich nichts an unseren gegenwärtigen Zuständen verändern, außer daß wir in frischer Luft leben könnten, so würden sich die Lebenserwartung und -qualität schon erheblich verbessern.

Die Luft hat eine frische, lebensspendende Zusammensetzung, denn sie wird fortlaufend durch Naturkräfte gereinigt. Teilchen werden ständig von der Luft, vom Wind oder von der Aerodynamik aufgenommen. Genauso werden sie ständig auch wieder fallen gelassen, wenn sich die Luftmassen beruhigen. Ozon kommt ständig in die Luft. Dieses steigt aber bis zur obersten atmosphärischen Schicht, wo es auch bleibt. Methangas steigt ständig in die Atmosphäre, wird jedoch durch Reaktionen in eine andere Form verwandelt. Die Luft wurde ursprünglich durch den Stoffwechsel von Bakterien in ihrer Zusammensetzung beeinflußt. Ein Nebenprodukt ihres Stoffwechsels war Sauerstoff. Im Laufe der Zeit sammelten sich große Mengen Sauerstoff in der Atmosphäre an, die ihr die heutige Zusammensetzung gegeben hat.

Gute Belüftung von Wohn-, Arbeits- und sonstigen Aufenthaltsräumen ist von großer Wichtigkeit. Die Tatsache, daß der Mensch gewichtsmäßig mehr Luft pro Tag als Nahrung und Wasser aufnimmt, zeigt, weshalb die Menschen durch Luftverschmutzungen geschädigt werden.

Putzmittel und Reinigungsmittel werden in fast allen Häusern in großen Mengen benutzt. Alle diese Substanzen sind schädlich, manche weniger, manche mehr. Einige haben fast gar keinen Geruch. Diese werden als ökologisch und biologisch abbaubare Putz-, Reinigungsmittel und Seifen bezeichnet.

Kohlenmonoxyd ist eine der Hauptverschmutzungen, das durch Autoabgase ausgestoßen wird. Für den Menschen ist Kohlenmonoxyd tödlich, da es die Sauerstoffaufnahme im Blut verhindert. Außerdem zerstört Kohlenmonoxyd tierisches und pflanzliches Leben. Die Pflanzen können es nicht aufnehmen, und tatsächlich welken die Blätter. In den Häusern ist Kohlenmonoxyd ein Nebenprodukt von Zigarettenrauch, Heizungen und Kochherden, die ohne Elektrizität betrieben werden. Hinzukommt noch mangelnde Luftzirkulation durch zu starke Wärmedämmung und synthetische Baumaterialien.

Jetzt werden Sie sicher fragen: *»Wie können wir sicherstellen, soviel wie möglich frische Luft in einer derartig verschmutzten Umwelt in unsere Lungen zu bekommen?«* Luft, die nicht mehr Verunreinigungen als normal in der Natur aufweist, ist automatisch rein. Wir sagen, daß es heute fast unmöglich ist, reine Luft zu erhalten. Wir können jedoch dafür sorgen, daß wir so reine Luft wie möglich bekommen. Um die frisch-möglichste Luft zu bekommen, sollten unsere Fenster so oft wie möglich weit offen sein. Wir sollten auf eine Art und Weise leben, daß wir unsere Luft im Haus von allen Prozessen und Produkten freihalten, die sie verschmutzen können. Es gibt keine Versicherung, gleichgültig wohin wir gehen und was wir auch tun, daß wir die bestmögliche Luft haben. Relativ gesehen, können wir reine Luft haben, wenn wir draußen und weit entfernt von jeglicher Zivilisation sind, da hier die Natur die Luft fortlaufend reinigt.

Reines Wasser

Auch **Wasser** soll in reinem Zustand getrunken werden. Wasser wird vom Körper als Transportmittel für Nährstoffe und für Ausscheidungsstoffe benutzt.

Wasser ist genauso wichtig wie Luft. Trinken ist ein bewußt geleiteter Vorgang, während die Atmung automatisch geschieht. Deshalb verdient das Wasser sogar noch mehr Beachtung.

Außer Nahrung gibt es nur noch drei Dinge, die wir in unseren Körper aufnehmen sollten. Das sind Luft, Sonnenlicht und Wasser. Gesunde Nahrung, Luft, Wasser und Sonnenlicht sind die wesentlichen Nährstoffe des Körpers, alles andere ist ungesund. Diese Einengung mag schwierig erscheinen. Aber wir dürfen nicht die Grenzen unserer Anpassungsfähigkeit überschreiten, wenn wir gesund sein wollen. Tun wir dies trotzdem, so ist mit pathologischen Konsequenzen zu rechnen.

Der Ausdruck »reines Wasser« wird häufig verwendet. Jeder sollte nur reines Wasser trinken. Niemand sollte sich mit verunreinigtem Wasser zufriedengeben. Die meisten Menschen trinken jedoch alles mögliche, nur kein reines Wasser. Reines Wasser enthält keine Schadstoffe, und dazu zählen wir auch Mineralien, die nicht, wie z. B. beim Obst, im organisch gewachsenen Verbund vorliegen.

Reinstes Wasser ist frei von Mineralien und anderen zugeführten Stoffen. Wenn der Mensch natürlich lebt, kann er fast seinen gesamten Wasserbedarf durch eine natürliche Ernährung decken. Deshalb ist sein Bedarf an Wasser nur sehr gering. Destilliertes oder durch Umkehrosmose gereinigtes Wasser kann nur eine zweitrangige Wasserquelle sein. Eine richtige Kost enthält bereits reines Wasser.

Das Wasser in Früchten enthält Mineralien im biologischen Verbund und keine anderen Substanzen, die Blutgefäße, Zellen oder innere Zwischenräume verstopfen.

Die wichtigste Rolle des Wassers in unserem Körper liegt in seiner Transportaufgabe und in seiner Aufgabe als Lösemittel. Es dient auch für die Lagerung organischer Stoffe und Elektrolyte innerhalb der Zellen. Dies wird dadurch erreicht, daß das Wasser Moleküle und Nährstoffreserven in der Schwebe hält.

Unreines Wasser schädigt den menschlichen Organismus, da Verunreinigungen schädlich sind. Unsere Lebensmittel enthalten viel Wasser. Quellwasser ist kein Medium für Nährstoffe. Mineralien aus der Erde oder von Felsen, die sich im Wasser aufgelöst haben, haben nicht mehr Wert im Körper als wenn man Erde oder Felsen unaufgelöst verspeisen würde. Der Körper ist nicht in der Lage, anorganische, sich nicht im organischen Verbund befindliche Mineralien zu nutzen. Anorganische Mineralien zirkulieren als Giftstoffe im Körper. Alle Substanzen im Wasser sind deshalb als Verunreinigung anzusehen.

Menschen, die verunreinigtes Wasser trinken, nehmen eine Unmenge an Schadstoffen im Blut auf. Lassen

Sie uns die Trinkgewohnheiten der »zivilisierten« Menschen betrachten:

- Gesundheitsbewußte Menschen müssen nur wenig Wasser trinken, da sie sich hauptsächlich von Früchten ernähren. Ihre Kost ist wasserreich. Auf das zusätzliche Trinken kann jedoch erst nach einer ausreichenden Übergangszeit bei reiner Rohkost verzichtet werden.

- Einige Menschen trinken destilliertes oder durch Umkehrosmose gereinigtes Wasser. Viele Menschen, die dieses Wasser trinken, tun dies, da sie eine mehr oder weniger ungesunde, zu stark konzentrierte Kost zu sich nehmen (z. B. gekochte Nahrung, die Salz und andere Gewürze enthält). Der erhöhte Bedarf entsteht, damit u.a. Salze in der Schwebe gehalten werden können, bis sie zur Ausscheidung gelangen.

- Viele Menschen trinken Mineralwasser in dem Glauben, daß ihr Körper dadurch soviel Mineralstoffe wie möglich erhält. Es sind gewöhnlich »gesundheitsorientierte« Menschen, die der Meinung sind, mit Mineralwasser könne der Mineralbedarf ihres Körpers gedeckt werden.

- Die Mehrheit der Menschen trinkt Wasser, das gerade zur Verfügung steht – mineralisiert, chemikalisiert, aus ihrem örtlichen Trinkwassersystem, aus Brunnen oder aus Quellen. Außerdem nehmen sie eine Kost zu sich, die entweder konzentriert, also wasserarm, oder ungesund ist, so daß sie ein großes Bedürfnis nach Wasser haben.

- Gesundheitsbewußte Menschen trinken destilliertes Wasser oder durch Umkehrosmose hergestelltes Wasser, wenn sie fasten und/oder kein Wasser aus anderen Nahrungsquellen erhalten. Manchmal trinken sie auch Wasser, um den Wasseranteil ihrer Kost zu ergänzen. Dieses zusätzliche Wasser kann erforderlich sein, wenn es besonders heiß ist und man körperlich besonders aktiv ist.

- Abermillionen von Menschen trinken Limonade, Kaffee, Tee, Kakao und eine Menge anderer Getränke, wenn sie durstig sind. Sie trinken zur Unterhaltung und stimulieren sich, während sie Flüssigkeiten zu sich nehmen. Obwohl reines Wasser sehr genußvoll ist, suchen sie größeren Genuß. Alles was außer reinem Wasser getrunken wird, ist nicht ideal, meistens ungesund und kann Krankheiten hervorrufen.

Trinkwasser ist mit Gefahren beladen. Bei Untersuchungen von verschiedenen Trinkwasserproben wurden über 80 krebsfördernde Stoffe gefunden. Die meisten entstanden durch abgebautes Chlor im Wasser oder seiner Verbindungen mit anderen Chemikalien. Chlor selbst ist krebsfördernd. Kunstdünger, chemische Stoffe der chemischen Industrie, Chemikalien, die in unseren Häusern benutzt werden und Schädlingsbekämpfungsmittel verunreinigen unser Wasser. Schwefel, Eisen, Gips, Kalzium und andere Mineralien sind in dieser Form schädlich.

Viele Menschen glauben, daß Mineral-, Brunnen-, Quellwasser oder sogenannte Heilwasser genau das sind, was sie brauchen. Quellwasser, Wasser aus Bergflüssen und Wasser, dem bestimmte Mineralien zugesetzt wurden, sind allgemein auf dem Markt. Viele Menschen trinken kein Stadtwasser mehr, so daß Wasser aus Quellen, Tiefbrunnen und Bergflüssen bevorzugt werden. Alle diese Wasser kann man aber nicht als gesundheitsfördernd bezeichnen.

Manche Wassersorten sind mit Kohlensäure versetzt. Diese Wasser sind gesundheitsschädlich, da Kohlensäure wieder ausgeschieden werden muß. Reines Wasser ist dagegen angenehm zu trinken und hat überhaupt keinen Geschmack. Wenn man durstig ist, schmeckt reines Wasser am besten, obwohl es keinerlei Geschmack hat. Das meiste Wasser erhalten Sie aus lebendiger, nicht verarbeiteter Nahrung.

Zum besseren Verstehen wollen wir noch einmal kurz zusammenfassen, was wir über Wasser gesagt haben.

Jeder Bestandteil in Wasser, das aus Leitungen, Brunnen, Quellen oder Flüssen kommt, befindet sich nicht im organischen Verbund. Der Körper kann anorganische Substanzen nur in geringem Umfange und nur sehr schwer aufnehmen und metabolisieren. Der Körper kann nichts anderes verwerten als Luft, Wasser, Sonnenlicht und organisch-gebundene Stoffe, die in Lebensmitteln enthalten sind. Alles andere ist belastend. Anorganische Stoffe können kaum verwendet werden; sie verstopfen den Körper, wenn sie nicht ausgeschieden werden, und sie verbinden sich mit Körperflüssigkeiten, Fetten und Abfallstoffen. Sie bilden Substanzen, die unser Gefäßsystem verstopfen. Diese Substanzen setzen sich in unseren Gelenken, Muskeln, inneren Hohlräumen, in Organen und im Lymphsystem ab.

Menschen, die unreines Wasser und gekochte Nahrung zu sich nehmen, scheiden meistens nicht alle Abfälle aus. Zirkulieren diese Substanzen im Blutkreislauf, so ist der Körper alarmiert. Die Leukozyten (weiße Blutkörperchen) vermehren sich, der Puls erhöht sich. Häufig fühlen sich die Menschen stimuliert.

In unserem Land wird immer wieder dazu geraten, mineralhaltiges Wasser wie z. B. Brunnen-, Quell- und Mineralwasser zu trinken. Es wird behauptet, daß der Körper Mineralwasser benötigt, da er die Mineralien braucht. Zusätzlich wird gesagt, daß destilliertes Wasser Herzinfarkte verursacht, Mineralien aus dem Körper herauslaugt und Zahnverfall, Parodontose und Osteoporose (Abnahme der Knochendichte) entstehen.

Die Befürworter von Mineralwasser meinen, daß z. B. die hervorragende Gesundheit der Hunzas auf mineralisiertes Wasser zurückzuführen ist. Das Volk der Hunzas gehört zu den gesündesten Menschen in der Welt. Es wird angenommen, daß sie das schaumigweiße Mineralwasser eines Gletschers trinken.

Natürlich gibt es Gegenargumente zu diesen Aussagen. Bei einer richtigen Kost erhalten wir mehr Mineralien jeglicher Art als wir benötigen. Die Mineralien im Wasser sind nahezu unverwertbar und sind deshalb eher belastend anstatt nahrhaft zu sein.

Reines Wasser hingegen hinterläßt keine Ablagerungen von unverwertbaren anorganischen Mineralien. Wer Mineralwasser trinkt, hat oft starke Ablagerungen in seinem Gefäßsystem. Die zurückgewiesenen Mineralien, die der Körper nicht nutzen kann, verbinden sich teilweise mit Cholesterin und anderen Fettsubstanzen und bilden Ablagerungen in den Arterien. Diese Mineralien werden auch in Körperhohlräumen abgelagert, z. B. im Schädelraum, wo die Hohlräume von abgebauten Gehirnzellen durch Mineralien ausgefüllt werden und somit eine Verkalkung des Gehirn eintritt. Das ist auch die Ursache für eine vorzeitige Vergreisung.

Es ist von Physiologen widerlegt worden, daß reines Wasser dem Körper notwendige Mineralien entzieht. Wasser und alles andere, was in den Körper gelangt, wird vom Körper bearbeitet. Wasser selbst und andere zugeführte Stoffe können im Körper von sich aus gar nichts bewirken. Substanzen, die im Körper Wirkungen zustande bringen, wie z. B. Säuren, Medikamente und Chemikalien, sind giftig. Der Körper ist sein eigener Meister. Versteht man dies, so erkennt man auch, daß destilliertes Wasser oder durch Umkehrosmose gereinigtes Wasser dem Körper keine Mineralien entziehen kann. Der Körper benutzt das Wasser, aber das Wasser benutzt nicht den Körper. Wasser und Nahrungsmittel sind unter der Kontrolle des Körpers, während sie sich dort befinden. Der Körper macht mit dem Wasser, was er will. Er sondert das Wasser ab, wenn er es nicht benötigt. Mit dem Wasser scheidet er auch Mineralien aus, die er nicht mehr benötigt. Die Nieren bestimmen, was ausgeschieden wird und was für den Körperhaushalt behalten wird. Zum Beispiel bereitet der Körper etwa 95% seines Eisenbedarfs wieder auf, gleichgültig wieviel Wasser wir auch trinken. Er bereitet auch andere Mineralstoffe und Salze wieder auf. Der Körper ist sehr sparsam mit seinen Nährstoffvorräten.

Das Wasser fließt nicht frei im Körper herum. Der Körper hält das Wasser zurück oder scheidet es aus, je nach seinem Bedarf.

Die Hunzas in Nordpakistan sind ein Volk von außergewöhnlicher Gesundheit. Das reine Gletscherwasser ist jedoch nicht allein für ihre Gesundheit verantwortlich. Wasser ist ein Lebensbedürfnis, aber gute Gesundheit ist von einer allgemeinen gesunden Lebensweise abhängig. Wasser ist nur eins von vielen Elementen. Reisende, die bei den Hunzas waren, stellten fest, daß diese nur sehr wenig Wasser zu sich nehmen. Sie sind in erster Linie Früchteesser, bauen aber auch Getreide an. Das Wasser, das sie trinken, lassen sie zuerst absetzen. Wenn die Gletscherströme von den Bergen nach unten rauschen, nehmen sie zwar Mineralien auf, diese sind aber größtenteils noch aufgeschwemmter Schlamm und keine Lösung, das Wasser enthält eher Schlamm als Mineralien in Lösung. Dieser Schlamm ist sogar die Grundlage der Gesundheit der Hunzas. Aber nicht, weil sie dieses Wasser trinken, sondern weil sie mit diesem schlammhaltigen Wasser ihre Gärten bewässern. Das Wasser kommt von relativ sauberem Schnee. Es sind nur sehr wenige Mineralien enthalten, nachdem es von den Höhen hinabgerauscht ist und unten in Becken aufgefangen wird. Das Wasser ist nur kurze Zeit mit Mineralien in Kontakt und kann diese deshalb nur in sehr geringem Maße aufnehmen.

Menschen, die gekochte Nahrung essen, brauchen große Mengen Wasser. Dies ist bedingt durch die Vielzahl an irritierenden oder giftigen Stoffen, die durch eine Hitzebehandlung von Lebensmitteln entstehen, ganz besonders sind aber Gewürze und Salze dafür verantwortlich. Alle diese Stoffe sowie Nahrungsmittel, wie Getreide, Fleisch, Käse und Eier, müssen mit Wasser ergänzt werden, um die Schadstoffe in der Schwebe zu halten, damit sie die Zellen und das Körpergewebe nicht zu sehr schädigen.

Menschen, die eine gesunde Kost essen, brauchen weniger Wasser als Menschen, die von einer ungesunden Kost leben. Ißt man eine ungesunde Kost, werden große Mengen an Wasser benötigt, um dem Körper zu helfen, mit den Irritanten, Stimulanzien, Reizmitteln und Giften fertigzuwerden.

Ödeme (Wasseransammlungen) und Wassersucht sind Erscheinungen, die bei Menschen vorkommen, die u.a. gekochte Nahrung und viel Salz und Gewürze essen. Der Körper braucht viel Wasser, um diese belastenden Stoffe in der Schwebe zu halten. Bis der Körper sie wieder ausscheiden kann, werden sie meistens in Bereichen wie Füße und Beine abgelagert. Einige Fastentage reichen evtl. für eine Körperreinigung. Das Wasser – und die darin gelösten Stoffe – wird dann wieder ausgeschieden und die Gewebe gereinigt. (Natürlich muß geprüft werden, inwieweit Herz-, Leber- oder Nierenschäden vorliegen, die Ödeme verursachen.)

Natürliche Ernährung

Viele Krankheiten der Menschheit werden beschleunigt durch den Verzehr falscher Nahrung. Nur eine gesunde Nahrung stellt die benötigten Nährstoffe zur Verfügung. Eine Ausnahme sind die drei anorganischen Stoffe (Wasser, Luft, Sonnenlicht), deren wir bedürfen. Aber selbst Wasser ist normalerweise in einer richtigen Kost ausreichend vorhanden.

Die richtige Kost sollte vorwiegend aus Früchten, Salaten und Gemüse bestehen. Von der Anlage her sind die Menschen eher Frugivore oder Früchteesser. Gesunde reife Früchte enthalten alle Nahrungsfaktoren, die notwendig sind, um das menschliche Leben auf dem höchsten Stand zu erhalten. Unsere Nahrung sollte roh gegessen werden, wie sie die Natur uns liefert. Erhitzen zerstört vitale Nährstoffe.

Die wesentlichen Nährstoffe, die wir benötigen, sind nachfolgend aufgeführt:

- einfache **Kohlenhydrate** und Monosaccharide wie Glukose, Fruktose, Galaktose usw. Werden komplexe Kohlenhydrate konsumiert, so muß der Körper diese zunächst in Monosaccharide abbauen, damit sie aufgenommen werden können.

- **Fette,** besonders die essentiellen Fettsäuren

- Protein (**Eiweiß**)

- **Mineralstoffe** in organisch-gebundener Form

- **Vitamine,** Spurenelemente, Hilfsstoffe und andere katalytische Nährstoffe.

Faserstoffe in der Nahrung sind ein neutraler Faktor. Zellulose, die aus Fasern besteht, ist unverdaulich und wird nur durch den Körper hindurchgeleitet. Im Gegensatz zu der allgemeinen Annahme, benötigen wir keine hochwertige **Faserstoffdiät,** um Stuhlgang zu haben. Die Abfälle werden ausgestoßen, wenn sie sich angesammelt haben.

Wegen der Wichtigkeit der richtigen Ernährung komme ich hier auf den Seiten 56–100 noch einmal etwas ausführlicher darauf zurück.

Reinheit des Körpers

Die Summe aller Prozesse, durch die sich der Körper rein oder sauber hält, wird Ausscheidung genannt. Die Ausscheidung folgt der Nahrungsaufnahme und Verwertung. Der Körper muß Abfallstoffe von aufgenommener Nahrung, verbrauchte Zellen, Abfälle des Metabolismus und außergewöhnliche Substanzen, die auf irgendeine Weise in den Körper gelangt sind, ausscheiden. Je gründlicher die Ausscheidung ist, je reiner ist der Körper.

Ein reiner Körper ist notwendig, um die Körperfunktionen oder die Gesundheit in bestem Zustand zu halten. Die Grundursache für Krankheiten ist Toxämie (Vergiftung des Blutes).

Der Körper muß im Vollbesitz seiner Ausscheidungskräfte sein, um frei von belastenden Stoffwechselrückständen zu bleiben. Werden diese Kräfte durch Energiemangel oder durch Zuführung giftiger Stoffe, die der Körper nicht mehr bewältigen kann, behindert oder geschädigt, so ist auch die Ausscheidung in gleicher Weise geschädigt.

Die »zivilisierten« Menschen haben Eß- und Trinkgewohnheiten, die den Körper mit Fremdstoffen belasten, die ausgeschieden werden müssen. Fremdstoffe sind immer eine Belastung für die Ausscheidungsorgane. Stoffe, die keine echte Nahrung sind, sind gewöhnlich schädlich, besonders die Fremdsubstanzen, die der Durchschnittsmensch heute mit ißt und trinkt.

Ausscheidungen erfolgen ständig. Jedes Ausatmen bedeutet die Ausscheidung toxischer Gase. Die Haut scheidet fortlaufend kleine Abfallmengen aus. Es gibt aber eine bestimmte Zeit im Laufe des Tages, in der der Körper seine Ausscheidungsbemühungen verstärkt. Diese Zeit liegt zwischen vier Uhr morgens bis zwölf Uhr mittags (plus/minus 1–2 Stunden Ortszeit).

Die größere Ausscheidung des Körpers während dieses Zeitraums können Sie auf vielfache Weise erkennen. Ein mit Abfallstoffen stark belasteter Mensch hat nach dem Aufstehen eine belegte Zunge. Er hat keinen Hunger. Wird dem Körper aber trotzdem Nahrung zugeführt, so wird der Ausscheidungsprozeß unterbrochen. Die Zunge kann aber trotzdem belegt bleiben. Die Körperzyklen der Nahrungsaufnahme, Nahrungs ausnutzung und der Ausscheidung von Stoffwechselrückständen finden wie folgt statt:

12.00 Uhr bis 20.00 Uhr – Aufnahmezyklus
20.00 Uhr bis 4.00 Uhr – Ausnutzungszyklus (Assimilation)
4.00 Uhr bis 12.00 Uhr – Ausscheidungszyklus

Abfallstoffe, Stoffwechselendprodukte, Ablagerungen, Schmutz und Giftstoffe werden häufig als »Schlackenstoffe« bezeichnet. Obwohl dieser Ausdruck im medizinischen Sinne nicht korrekt ist, wird er sowohl von Medizinern und als auch von Gesundheit suchenden Menschen benutzt. Schlacken können sich auf vielerlei Art und Weise im Körper ansammeln. Alle ungesunden Einflüsse und Praktiken behindern die Ausscheidungsfähigkeiten des Körpers und vermindern besonders den Energievorrat.

Die Ausscheidungskraft des Körpers ist wirklich immens. Der Körper besitzt für fast alle seine Fähigkeiten eine Überkapazität. Wir können mit einer Lunge oder einer Niere leben. Der Körper besitzt Sicherheitsgrenzen für das Überleben.

Die meisten Menschen in der Welt überschreiten ihre enorme Ausscheidungskraft. Deshalb entstehen Krankheiten oder – wie wir sagen – Heilkrisen, um den Überschuß an Abfallstoffen auszuscheiden.

Gesundheit ist von innerer Reinheit abhängig, und diese wiederum von einer Lebensweise, die gesundheitsfördernd ist.

Die Ausscheidung erfolgt über folgende Organe: Lymphsystem, Leber, Nieren, Lungen, Darm, Haut, Zunge.

In Notfällen werden die Zunge, die Haut, das Atmungssystem und die Schleimhäute stellvertretend für Ausscheidungsaufgaben herangezogen. Der Körper schafft aber auch Geschwüre als außergewöhnlichen Auslaß.

Richtige Temperatur

Der Erhalt der richtigen Körpertemperatur ist lebensnotwendig. Der Mensch hat sich in Millionen von Jahren dazu entwickelt, daß er die Homöostase (Ausgewogenheit aller Körperprozesse), seine chemische und mechanische Beschaffenheit und eine gleichbleibende Temperatur beibehält. Der Körper funktioniert am besten in einem Temperaturbereich von 36,5 bis 37,2° Celsius (gemessen in der Achselhöhle).

Der Körper erhält seine Temperatur durch den Grundumsatz (Energieverbrauch eines entspannt liegenden Menschen), der durch viele Sinnesempfindungen im Körper, die als Thermostate fungieren, kontrolliert wird. Obwohl der Körper drastisch reduzierte und erhöhte Temperaturen überleben kann, haben große Abweichungen von der Normaltemperatur im Körper zur Folge, daß seine Zellen nicht mehr mit dem benötigten Sauerstoff und den Nährstoffen versorgt werden, wodurch diese geschädigt werden können.

Da die meisten von uns körperlich nicht in der Lage sind, extreme Kälte auszuhalten, müssen wir Kleidung tragen, um uns warm zu halten. Die Wärme muß erhalten bleiben, oder wir erleiden funktionale Störungen, die durch die reduzierte Temperatur hervorgerufen werden.

Eine angenehme Temperatur sollten Sie immer halten. Absichtliches Überhitzen oder Unterkühlen des Körpers erschöpft die Energiereserven und reduziert die Leistungsfähigkeit des Körpers.

Die Kleidung soll in der Regel lose anliegen, so daß ein Luftaustausch von der Hautoberfläche zur Umwelt möglich ist. Enge Kleidung ist gesundheitsschädlich. Die Kleidung soll den Temperaturumständen entsprechen.

Baumwolle, Leinen, Hanf und Wolle sind anderen Stoffen vorzuziehen. Auch Kleidung aus Seide oder anderen natürlichen Faserstoffen ist sehr gut. Kleidung aus Kunststoffasern sollten Sie meiden.

Weiße oder helle Kleidung ist besser als dunkle Kleidung. Helle Farben lassen das Licht besser durch. Natürliches Licht ist für den Körper und die Augen gesund.

Wenn der Körper friert, schließen sich die Hautporen, denn es finden Körperreaktionen statt, die den Körper soweit wie möglich vor Kälte schützen sollen. In solchen Fällen werden Körperenergien für die Temperaturerhaltung umgeleitet, und vorübergehend werden deshalb die regulären Ausscheidungsaufgaben des Körpers vernachlässigt. Das Verschließen der Poren bürdet dem Atmungssystem eine zusätzliche Ausscheidungslast auf. Ist der Körper bereits toxisch, so kann eine zusätzliche Zurückhaltung toxischer Stoffe einen Stand erreichen, bei dem der Körper eine Reinigungskrise einleitet, wie z. B. eine Erkältung oder Grippe, oder aber seine natürliche Abwehr vermindert wird.

Sportliche Aktivitäten und Bewegungstraining

Aktivität ist eine Notwendigkeit des Lebens. Was nicht benutzt wird, wird abgebaut. Nichtgebrauch führt zu Verkümmerung und Verlust der Funktionen (Inaktivitätsatrophie). Ohne körperliche Bewegung, Arbeit oder Sport wird das Wohlbefinden beeinträchtigt.

Fähigkeiten, Intelligenz und jeder Aspekt des Wohlbefindens werden durch körperliche Übungen stark verbessert. Fast jede Art von Bewegungstraining ist dem Körper von Nutzen. Aktivitäten, die sämtliche Muskeln des Körpers in Bewegung bringen, sollten täglich ausgeführt werden.

Sportliche Aktivität ist ebenso wie richtige Ernährung, Ruhe und Schlaf, frische Luft, Sonnenlicht und reines Wasser ein wesentlicher Bestandteil einer gesunden Lebensführung. Obwohl Bewegungstraining nur eine der lebenswichtigen Voraussetzungen unserer Gesundheit ist, kann ohne Training keine maximale Gesundheit erreicht werden.

Leben ist Bewegung, und je weniger wir uns bewegen, desto lebloser werden wir. Einige Leitgedanken für richtiges Bewegungstraining sind:

- Bewegungstraining stärkt nicht nur, es baut den Körper buchstäblich auf, da jede Zelle, jede Faser und jedes Organ beansprucht wird.

- Die Spannkraft des Körpers wird verbessert.

- Ohne Bewegungstraining werden die verschiedenen Muskeln, Organe, Drüsen sowie das Kreislauf- und Atmungssystem geschwächt.

- Regelmäßiges Bewegungstraining führt zu einer stetigen Steigerung des Wohlbefindens.
- Geist und Körper sind untrennbar miteinander verbunden.

Eine vollständige Gesundheit kann ohne Bewegungstraining nicht erzielt werden. Um gesund zu werden und zu bleiben, müssen Ruhe und Aktivität in einem ausgewogenen Verhältnis zueinander stehen.

Unter manchen Anhängern der natürlichen Gesundheitslehre scheint die Neigung verbreitet zu sein, bestimmte Ernährungsmethoden und Fastenkuren geradezu besessen zu betreiben, während sie der Rolle des Bewegungstrainings in ihrem Leben wenig Beachtung schenken. Im Zentrum ihres Denkens steht die innere Reinigung des Körpers, dessen Spannkraft sie ignorieren. Dabei ist sportliche Aktivität eine lebenswichtige Voraussetzung für die Gesundheit und fast genauso wichtig wie Fastenkuren und die richtige Kost. Ohne Bewegungstraining sind Wachstum und Lebendigkeit nahezu unmöglich. Leben ist Bewegung, und je weniger wir uns bewegen, desto lebloser werden wir.

Entwickelt man ein Trainingsprogramm, sollte man dabei unbedingt Alter und Gesundheitszustand berücksichtigen. Je gesünder man ist, desto anspruchsvoller kann das Übungsprogramm sein. Beginnen wir mit einer bestimmten Sportart, sei es nun Laufen, Schwimmen, Gewichtheben o. a., sollten wir langsam und vorsichtig anfangen und unsere körperlichen Grenzen respektieren. Nach einer Übungsphase sollte man niemals völlig erschöpft sein. Im Gegenteil, durch die körperliche Aktivität sollten wir vor Lebendigkeit sprühen. Bei Müdigkeit ist auf ausreichende Ruhepausen zu achten. Die Ausgewogenheit zwischen Ruhe und Aktivität ist eine Grundlage dauernder Gesundheit und für unser Wohlbefinden notwendig. Durch die richtige Balance aller Bereiche einer natürlichen Lebensweise, zu der auch ein vernünftiges Bewegungsprogramm aus Kontraktion, Stretching und Aerobic gehört, werden Sie auf den sicheren Weg zur vollen Entfaltung Ihres geistigen und körperlichen Potentials geführt.

Ruhe, Schlaf und Entspannung

Ruhe und Schlaf sind für unsere Gesundheit und unser Wohlbefinden sehr wichtig. Sowohl die Ernährung als auch die Gesundheit sind von ausreichenden Ruhepausen und Schlaf abhängig.

Schlafstörungen können durch eine falsche Lebensweise oder durch einen beeinträchtigten Gesundheitszustand hervorgerufen werden.

Schlaf ist ein wichtiges Lebensbedürfnis. Frische Luft und Bewegung sind für einen guten Schlaf ebenso wichtig wie die Eßgewohnheiten und das richtige Bett und Bettzeug. Ein »Nickerchen« nach dem Mittagessen ist sehr erholsam, und Träume sind Hüter unseres Schlafes.

Auf Schlafmittel, Medikamente, Drogen sollte verzichtet werden, da diese nur zu einem »koma-ähnlichen« Schlaf führen, wobei der Körper seine »Energiebatterien« nicht wieder richtig aufladen kann, so daß es zu Erschöpfungszuständen, Energielosigkeit und schließlich zu Depressionen kommen kann.

Der Schlafbedarf variiert mit der Menge der Energie, die verbraucht wird und mit der Leistungsfähigkeit, mit der der Körper sie erzeugt. Zusätzlich ist der Schlaf von den mehr oder minder günstigen Umständen abhängig, unter denen er stattfindet.

Unsere Lebensgewohnheiten beeinträchtigen sehr stark die Qualität unseres Schlafs und die Leistungsfähigkeit, mit der das Gehirn entsprechend regenerieren kann. Eine gesunde Lebensweise macht den Körper leistungsfähiger und entzieht ihm weniger Energie, während eine ungesunde Lebensführung die Leistungsfähigkeit mindert und gleichzeitig dem Körper Energie entzieht.

Die Menge Schlaf, die ein Mensch braucht, variiert mit der körperlichen Konstitution und den Schlafbedingungen. Einige Menschen kommen ohne weiteres mit fünf oder sechs Stunden Schlaf täglich aus, während andere acht bis neun Stunden täglich benötigen. Weshalb dieser Unterschied? Der Schlafbedarf variiert mit individuellen und äußerlichen Umständen. Die Menschen schlafen im Winter mehr als im Sommer. Weshalb ist das so? Geistig arbeitende Menschen schlafen mehr als körperlich arbeitende. Worin liegt die Ursache? Menschen, die im Freien arbeiten und schlafen, benötigen ein bis zwei Stunden weniger Schlaf als jene, die in geschlossenen Räumen arbeiten und schlafen. Weshalb?

Der beste Schlaf wird als Tiefschlaf, Niedrigwellenschlaf, Deltaschlaf oder fester Schlaf bezeichnet. Während des Tiefschlafes erholt sich der Körper weitaus besser als in den leichten Schlafphasen.

Wirklich gesunde Menschen, die unter idealen Bedingungen schlafen, benötigen weniger Schlaf als weniger gesunde Menschen. Dies ist durch verschiedene Faktoren bedingt.

1. Ein gesunder Mensch benötigt weniger Erholung, da er weniger Energie verausgabt.

2. Ein gesunder Mensch ist in der Lage, einen größeren Anteil an Tiefschlaf zu erhalten, da weniger innere Körperstörungen stattfinden.

3. Ein gesunder Mensch kann Energie schneller regenerieren, da eine erhöhte Leistungsfähigkeit der Körperanlagen vorliegt (und die Körperanlagen nicht von Toxinen gebremst werden).

Ideale Schlafbedingungen hängen von internen und externen Umständen ab. Je behaglicher sich ein Schläfer fühlt, desto tiefer schläft er. Reine Luft kann die Schlafzeit verkürzen, und eine ruhige Umgebung fördert einen tieferen Schlaf. Je weniger Licht in den Schlafbereich eindringt, desto weniger wird der Schlaf gestört.

Eßgewohnheiten und Schlaf

Nahrung, die weniger Verdauungs- und Assimilierungsenergie erfordert, erfordert weniger Energie. Nahrung, die toxische Stoffe enthält, wie z. B. gekochte Nahrung, Gewürze, Zusätze usw., belastet den Körper mit Ausscheidungsaufgaben und erfordert ein größeres Maß an Energie. Alkohol kann den Körper für ein oder zwei Tage belasten. Der Schlafbedarf wird dabei stark erhöht, damit der Körper seine Energie wieder aufbauen kann.

1. Je gesünder die Nahrung ist, desto weniger Energie ist erforderlich, um die Nahrung zu verdauen und zu verwerten. Gesunde Nahrung vermindert das Schlafbedürfnis und erhöht die Schlafwirksamkeit.

2. Je ungeeigneter (ungesünder) die Nahrung ist, desto mehr Energie wird verausgabt und desto mehr Schlaf ist erforderlich. Darüber hinaus ist der Schlaf weniger wirksam, wenn ungesunde Nahrung gegessen wird.

Menschen, die fasten, benötigen schon nach kurzer Ausscheidungszeit nur noch 3 bis 5 Stunden Schlaf täglich. Wer Fleisch, Gewürze und gekochte Nahrung ißt oder zuviel ißt, benötigt sehr viel Schlaf. Trotz des zusätzlichen Schlafs sind solche Menschen gewöhnlich unausgeruht, da sie unter einem ständigen Energiedefizit leiden, was Folge ihrer ungesunden Lebensweise ist.

Sie sollten mindestens zwei Stunden vor dem Schlafengehen nichts mehr essen. Wenn Sie Mahlzeiten zu sich nehmen, die Trägheit und Müdigkeit hervorrufen, weil der Körper damit beschäftigt ist, seinen Verdauungs- und Assimilierungsaufgaben gerecht zu werden, dürfen Sie keinesfalls annehmen, aus diesem Grund auch gut schlafen zu können.

Nimmt man Nahrungsmittel zu sich, die über den Bedarf hinausgehen, so wird der Körper geschwächt, denn die Verarbeitung und Verteilung der Nahrung bedarf ein hohes Maß an Energie. Eine Zufuhr ungesunder oder falsch kombinierter Nahrung endet gewöhnlich in einem pathologischen Durcheinander, da die Energiequellen des Körpers aufgrund der Ausscheidungsaufgaben erschöpft sind. Aus dieser Erschöpfung heraus mindert sich die Schlafqualität, und im Zusammenhang damit steigt das Schlafbedürfnis. Ein so geschwächter Mensch kann zwölf Stunden am Tag schlafen und trotzdem weniger ausgeruht sein als ein gesunder Mensch, der nur sechs Stunden schläft.

In unserer heutigen Gesellschaft gibt es viele Spannungen und Streßsituationen. Eine Entspannung, die auch das Ruhen mit einschließt, sollte wenigstens zwei- bis viermal täglich für 15 bis 30 Minuten stattfinden. Der Körper erholt sich während der Ruhepausen und der Entspannung.

Wenn die Augen trübe sind und die Augenlider schwer, wirkt eine Entspannung mit geschlossenen Augen für wenige Minuten Wunder. Ein Nickerchen ist sogar noch besser. Es tut dem Körper fast genauso gut wie der Schlaf.

Sie sollten soviel schlafen, wie Ihr Körper verlangt, gleichgültig, ob dies nun sechs Stunden oder bis zu zehn Stunden sind. Je gesünder der einzelne ist, desto weniger Schlaf benötigt er.

Im Schlaf ruht der Körper. Ruhe befähigt den Körper, seine Ausscheidungsarbeiten durchzuführen sowie seine Vorräte an Glykogen aufzubereiten, damit die Energiebedürfnisse des nächsten Tages gedeckt werden können.

Während Schlaf einen Vorrat an Energie schafft, befähigt Ruhe den Körper dazu, daß er seine physikalischen Lager wieder auffüllt und eine »Hausreinigung« vornimmt. Entspannung entlastet aufgebaute Spannungszustände. Körperliche Bewegung, die der Entspannung folgt, bringt noch bessere Ergebnisse.

Sonnenschein und Licht

Die Bedeutung regelmäßiger, ausreichender **Sonneneinwirkung** auf den Körper ist für die Gesundheit des Menschen außerordentlich wichtig. Ohne ausreichenden Sonnenschein haben wir keine gute Gesundheit.

Es ist bekannt, daß eine Vorstufe von Vitamin D, das Ergosterol, in den Hautgeweben durch die Einwirkung von Sonnenlicht gebildet wird. Erst kürzlich wurde entdeckt, daß das natürliche Sonnenlicht einen großen Nutzen für die Sehkraft bringt, und daß die Augen unter Einwirkung von unnatürlichem Licht geschwächt werden.

Sonnenlicht und **frische Luft** haben für den Menschen besondere Bedeutung.

Sonnenlicht ist eines der Grundbedürfnisse des Lebens und ein wertvoller Beitrag zur Gesunderhaltung des menschlichen Körpers. Sonnenlicht wird für die Aufnahme von Kalzium und Phosphorsalzen und für die Produktion von Vitamin D in der Haut benötigt.

Sonnenlicht und eine gesunde Ernährung führen zu verminderter Anfälligkeit für Krankheiten wie Rachitis, Tuberkulose, Blutarmut, Schlaflosigkeit, Akne, Schuppenflechte, Leukämie, Bluthochdruck und Fortpflanzungsstörungen (unregelmäßige Eiausstoßung, Pubertätsschwierigkeiten, Impotenz, Gebärmutterblutungen usw.). Sonnenlicht kann aber nicht als besonderes »Heilmittel« gegen Krankheiten angesehen werden und uns auch nicht vor anderen destruktiven Gewohnheiten schützen.

Sonnenlicht im Übermaß, besonders wenn die Sonnenstrahlen sehr intensiv sind, ist nicht gesund und sollte gemieden werden, zumal es Sonnenbrand, trockene, rauhe Haut und Nervosität zur Folge haben kann. Zwischen Sonnenbräunung und Sonnenbrand besteht ein großer Unterschied. Bei Sonnenschutzcremes sollte unbedingt auf unbedenkliche Inhaltsstoffe geachtet werden. Kurz gesagt, zu viel Hitze und Sonnenlicht sind belastend. Die Bräunung sollte nicht das Hauptziel des Sonnenbadens sein.

Erholung und Spiel

Der Körper wird durch Ruhe, Schlaf, Erholung, Fasten und andere Gesundheitsmaßnahmen verjüngt. Spiele, Hobbys und die Beteiligung an sportlichen Ereignissen tragen zur Verjüngung bei.

Die meisten Menschen führen jedoch lieber ein passives Leben während ihrer Freizeit, anstatt an sportlichen, kreativen oder gemeinnützigen Aktivitäten teilzunehmen. Das Fernsehen nimmt einen Großteil ihrer arbeitsfreien Zeit ein. Einige Menschen nutzen ihre Freizeit jedoch gut. Sie schwimmen, laufen, spielen Ball, nehmen an kulturellen oder sportlichen Ereignissen und Wettkämpfen teil, die Kraft und Ausdauer erfordern; sie arbeiten im Garten oder gehen anderen Hobbys nach wie z. B. Theateraufführungen besuchen usw. Leider ist dies jedoch eine Minderheit. Die meisten Menschen ziehen es vor, zuzuschauen, anstatt sich selbst aktiv zu beteiligen.

Erholung und Spiel fördern die Entwicklung des Menschen. In frischer Luft und im Sonnenschein können wir an Spielen und Sport teilnehmen, die gesund sind und unser Wohlbefinden erhöhen.

Seele und Geist

Seelisches und geistiges Wohlbefinden wird vom körperlichen Wohlbefinden berührt, ebenso wie körperliches Wohlbefinden auch vom seelischen und geistigen Zustand beeinflußt wird. Die Einteilung des Menschen in die Bereiche körperlich, seelisch und geistig ist nicht richtig. Wir sind vielmehr ein ganzheitlicher Organismus mit vielen Aspekten. Trotzdem werden aber diese Unterteilungen benutzt.

»Sich topfit zu fühlen« ist ein seelischer und geistiger Zustand, der das Wohlbefinden unseres ganzen Körpers ausdrückt.

Lebenssicherheit

Fast alle Menschen sind auf Vorsorge bedacht. Menschen, die im Äquatorbereich leben, brauchen eigentlich, soweit sie noch in der Natur und nicht in Städten leben, keine Vorsorge für die Zukunft zu treffen. Für Menschen in nördlichen Breitengraden ist dies aber erforderlich und – sie treffen auf die verschiedensten Arten Vorsorge. Sie sorgen für ihre echten, aber auch für ihre eingebildeten Bedürfnisse. Menschen der nördlichen Breitengrade sind auf Erwerb ausgerichtet. Erwerb ist ein Faktor, den Wert von Besitz höher zu achten als unsere Mitmenschen.

Unsere grundlegenden Bedürfnisse sind Nahrung und Obdach und die Möglichkeiten, diese zu beschaffen. Wir haben jedoch noch andere Bedürfnisse, die wir zu erfüllen streben und viele andere Ziele, die weitere Bedürfnisse hervorrufen.

Unsere Gesellschaft lebt im Überfluß. Durch Überproduktion wird ein Überschuß an Gütern und Dienstleistungen produziert, der von den Menschen nicht genutzt und verbraucht werden kann. Unser Verteilungssystem steht nicht mit unserer Produktionskapazität im Einklang, so daß große Ungleichgewichte bei der Verteilung von Gütern entstehen. Ein Teil der Menschen lebt in Not, während andere im Überfluß leben.

Die Ungerechtigkeiten führen zu Aufregung, Sorgen und Neid und rufen Gesundheitsschädigungen hervor. Viele Menschen, die in guten Verhältnissen leben, haben Angst, daß sich ihr Lebensstandard verschlechtern könnte. Zweifel, Furcht und Sorgen über den Verlust des Wohlstandes zehren am geistigen und seelischen Wohlbefinden eines Großteils der Menschheit. Ständige Sorge ist eine Krankheit unserer Gesellschaft.

Angenehme Umgebung

Die Menschen leben weitaus besser in Umgebungen, wo die Lebensbedürfnisse reichlich gedeckt werden können. Die Bedürfnisse sind in unserer Kultur so unterschiedlich, daß es schwierig wäre, diese alle zu behandeln.

Umgebung bedeutet die Gesamtheit unserer Lebensbedingungen. Sie beinhaltet nicht nur unsere

Häuser, unseren Boden, das Klima, die geographische Lage usw., sondern auch unsere Familie, Nachbarn, Vereine, Bekannte, Berufskollegen, tatsächlich alles, was die soziale und wirtschaftliche Umgebung beeinflußt, in der wir leben.

Die Menschen sind von Natur aus ästhetisch und lieben die Schönheit. Eine schöne Umgebung ist notwendig. Das betrifft aber nicht nur die örtliche Umgebung, sondern auch die Menschen, die mit uns zusammenleben. Glückliche Menschen bringen Frohsinn in das Leben anderer.

Unsere soziale Umgebung ist viel wichtiger als unsere örtliche Umgebung. Die Menschen träumen immer von einer besseren örtlichen Umgebung, aber sie finden ihr Glück vorrangig innerhalb eines sozialen Kreises, unabhängig vom Klima oder der geographischen Lage. Obwohl die Industrie bestimmte Voraussetzungen für uns geschaffen hat, die das Leben angenehmer machen, können wir doch glücklicher in einer Umgebung leben, die ein gutes soziales Umfeld, ein angenehmes Klima und eine gute geographische Lage hat.

Kreative, nützliche Arbeit

Jeder Mensch hat bestimmte wertvolle Qualitäten. Alle Menschen sind darauf ausgerichtet, Arbeiten auszuführen, die produktiv sind. In einer komplexen Gesellschaft, in der wir unsere produktiven Bemühungen nicht mehr direkt erkennen, in der wir dazu verleitet werden, nur zu konsumieren, neigen wir dazu, von den produktiven Bemühungen anderer zu profitieren.

Unsere Gesellschaft rechtfertigt leider egoistisches Denken und Handeln. Das ist eine Charakteristik unserer Gesellschaft, die zu Verbrechen, Armut und anderen lebenszerstörenden Faktoren führt.

Arbeit, die in direkter Beziehung zur Bedarfsdeckung steht, befriedigt den Menschen. Wenn sie unsere Fähigkeiten herausfordert, ist sie noch zufriedenstellender und erfüllender. Die glücklichsten und zufriedensten Menschen sind meistens jene, die ansprechende Häuser mit Gärten, Obstgärten und schönen Blumenbeeten geschaffen haben oder deren Ideen Anklang finden und umgesetzt werden.

Wenn unsere kreativen Bedürfnisse geweckt werden, können wir Wunder vollbringen, nicht nur zur eigenen Freude, sondern auch zur Freude anderer.

Selbstbestimmung

Aus dem Selbstbewußtsein erwächst Selbstsicherheit und Selbstvertrauen. Wer in Freiheit (Pflicht zur eigenen Entscheidung) aus seinem »Selbst« heraus verantwortlich handelt, bestimmt sein eigenes Leben und erreicht dadurch seine Bestimmung. Er agiert und bestimmt sein Leben und seine Lebensumstände. Wird reagiert, wird gelebt.

Gruppenzugehörigkeit

Menschen sind soziale Lebewesen. Das höchste Glück und Wohlbefinden erreichen wir, wenn wir zu einer Gruppe oder einem Kreis gehören. Wir müssen mit anderen in Verbindung stehen. Immer allein und verlassen zu sein, ist unserem Wohlbefinden sehr abträglich.

Unser Wunsch nach Geselligkeit besteht darin, daß wir uns mit Menschen zusammentun, denen wir ähnlich sind. In der heutigen Zeit des Spezialistentums neigen wir jedoch dazu, uns auf Gruppen zu beschränken, die kulturelle, berufliche – oder besondere Interessen haben. Auf dem Lande sind die Nachbarn die nächsten Verbindungen, obwohl die Berufe völlig unterschiedlich sein können. In Großstädten sind kulturelle Zielsetzungen und besondere Interessen die Grundlage für Geselligkeiten, ganz besonders auf beruflicher Ebene.

Auf die Beschreibung weiterer, nicht weniger wichtiger Lebensbedürfnisse wird hier verzichtet. Hierüber können Sie in den Studienbriefen der Waldthausen Gesundheitsschule oder in Büchern über die natürliche Gesundheitslehre nachlesen (siehe das Nachschlagewerk »Wo finde ich was?«).

Was ist Ernährung?

Ernährung ist weitaus mehr als nur Nahrungsaufnahme. Die Ernährung bezieht das gesamte Spektrum der Lebensweise ein. Nahrungsmittel sind nur organische Rohmaterialien und damit nur **ein** Bestandteil des Lebens-Ernährungsprozesses.

Im gleichen Maße von Bedeutung wie die Nahrung sind neben Wasser, Luft, Sonnenschein und natürlichem Licht alles, was den Menschen und sein Wohlbefinden günstig beeinflußt. Ist der Körper in einem Bereich geschädigt, so liegt auch eine Schädigung in anderen Bereichen vor, wodurch auch der Ernährungsprozeß beeinträchtigt wird.

Nachstehend werden die Grundzüge der Ernährungspraktiken der natürlichen Gesundheitslehre erklärt. Auch einige mißbräuchliche Ernährungsgewohnheiten werden vorgestellt und auf pathogene (krankmachende) Gewohnheiten aufmerksam gemacht.

Ernährung ist nicht nur mit Nahrung gleichzusetzen. Ernährung ist vielmehr die Summe aller Prozesse, die die Funktionen und die Anlagen eines Organismus auf einem **optimalen Existenzzustand** erhalten, ihn versorgen, aufbauen und unterstützen. Kurz gesagt: Ernährung ist die Gesamtsumme der Deckung aller Lebensbedürfnisse. Sie umschließt alle Erfordernisse hinsichtlich einer perfekten Gesundheit.

Die Summe der Ernährungsprozesse ergibt unseren Gesundheitsquotienten, das heißt, unser Gesundheitszustand entspricht allen Ernährungsprozessen. Alles, was die Ernährung oder die Prozesse der Bereitstellung und Nutzung verändert, beeinflußt auch unsere Gesundheit. Alles, womit wir uns befassen oder was wir tun, beeinflußt irgendwie auch unsere Ernährung, sei es zum Besseren oder zum Schlechteren.

Wichtige Nahrungsfaktoren

Jedes Lebewesen ist dafür vorgesehen, sich von bestimmten Nahrungsmitteln zu ernähren und sich diese auch zu beschaffen. Die natürlichen Anlagen sind grundsätzlich vorhanden. Menschen machen keine Ausnahme von dieser Regel. Wir haben Werkzeuge entwickelt, um uns im Übermaß mit allem, was die Erde uns als Nahrung bietet, zu versorgen.

Jedes Lebewesen hat grundlegende Ernährungsbedürfnisse. Unsere Biologiebücher beschreiben diese ziemlich unparteiisch und korrekt für Tiere. Die Bücher und Lehrstoffe, die der Ernährung der Menschen gewidmet sind, behandeln dieses Thema jedoch nicht unparteiisch. Die Ernährungslehren, die uns vermittelt werden, beziehen sich nicht auf unsere physiologischen Anlagen und Bedürfnisse, sondern mehr auf die Ziele der Nahrungsmittelindustrie, damit sie ihre Produkte besser verkaufen kann.

Nahrung der verschiedenen Lebewesen

Die besonders geeignete Nahrung der verschiedenen Lebewesen ist durch bestimmte Kriterien festgelegt:

Gebiß, Enzymbildung, Speichelqualität, Darmbeschaffenheit, Drüsensekretion usw., daher die Einteilung in:

- **Herbivore** (Gras- und Pflanzenfresser, wie zum Beispiel Rinder, Schafe, Ziegen, Wild, Pferde, Hasen usw.)

- **Gramnivore** (Körnerfresser – Tiere, die von Körnern leben, hauptsächlich Vögel)

- **Insektivore** (Insektenfresser – Fledermäuse, Vögel und andere Lebewesen, die von Insekten leben)

- **Frugivore** (Früchtefresser – Primaten und Menschenaffen, Menschen, Orang-Utans usw.)

- **Carnivore** (Fleischfresser – Tiere, die von Fleisch, Knochen, Abfall anderer Tiere leben, zum Beispiel Katzen, Hunde, Löwen, Tiger, Wölfe, Bussarde, Habichte, Adler, Schakale usw.)

- **Omnivore** (Allesfresser – Tiere, wie zum Beispiel Schweine, die von einer gemischten Kost, bestehend aus Früchten, Gemüse, Getreide, Fleisch, Abfällen usw., leben)

Konventionelle Ernährung

Das Konzept der vier Nahrungsmittelgruppen hat zu einer Gesundheitskatastrophe in der westlichen Welt geführt. Dieses Konzept schadet dem Verbraucher mehr als daß es ihm nutzt. Die heutige »Nahrungsmittelindustrie« ist das Ergebnis falscher Ernährungsgewohnheiten. Beim größten Teil der heutigen Nahrungsmittel handelt es sich um denaturierte Erzeugnisse.

Die vier Grundnahrungsmittelgruppen der alten Ernährungslehre sind:

1. Milch und Milchprodukte

2. Fleisch, Eier, Fisch, Hülsenfrüchte und Nüsse

3. Getreide und Getreideprodukte

4. Früchte, Salate und Gemüse mit Ausnahme von Nüssen und Hülsenfrüchten, die aufgrund ihres hohen Eiweißgehalts der Fleischgruppe zugeordnet werden.

Der tägliche Verzehr einer bestimmten Menge von jeder dieser Gruppen wird als ausgewogene Ernährung bezeichnet. Die Auswahl der Nahrungsmittel für die westliche Ernährung hat aber nichts mit der menschlichen Bedürfnisdeckung zu tun. Die heute typische Ernährung ist krankheitsfördernd und maßgeblich für den beklagenswerten Krankheitszustand der Menschen mitverantwortlich.

Ein **herzhaftes Frühstück** enthält meistens alle Bestandteile der vier Nahrungsmittelgruppen. Unser Frühstück enthält gewöhnlich Wurst, Schinken und Eier, in England und den USA auch gebratenes Fleisch oder Fisch, Spiegeleier, Bratkartoffeln und gebratenen Frühstücksschinken, weiterhin Brot und/oder Brötchen, Corn-flakes, Haferflocken oder Müsli. Häufig wird als Appetitanreger Pampelmusen- oder Apfelsinensaft vorweg getrunken. Auch Bananen oder andere Früchte werden zum Beispiel zusammen mit Müsli gegessen. Milch wird getrunken (oft eisgekühlt) oder zum Müsli oder den Haferflocken gegeben. Weiterhin Kaffee mit Sahne, Butter und Toast, Marmelade, Gelee oder Honig. Außerdem stehen Zucker, Salz, Pfeffer, Süßstoff und Gewürze auf dem Tisch.

Das **Mittagessen** besteht gewöhnlich aus Fleisch mit Gemüse, Kartoffeln, Reis oder Mehlspeisen. Gewöhnlich werden auch Brot und Butter sowie Nachspeisen wie Eiscreme oder Pudding gereicht. Oftmals besteht zwischen dem Mittag- und Abendessen kein großer Unterschied, zumindest nicht in angelsächsischen Ländern. In vielen europäischen Ländern – besonders in Deutschland – wird dafür abends viel Brot mit Wurst-, Fleisch- und Käseauflage gegessen.

Die heutige **Zivilisationskost** enthält viel von den vier Grundnahrungsmitteln, die als nahrhafte Kost, als »Sattmacher«, gelten. Niemals zuvor in der Menschengeschichte hat es aber eine so krankmachende Art der Ernährung gegeben!

Kochen macht krank

Das Kochen führt aus verschiedenen Gründen zu Krankheiten. Die wesentlichen Gründe sind:

1. Kochen beeinflußt Nährstoffe (beeinträchtigt die Qualität) und zerstört sie zum Teil, und dadurch gehen auch in gleichem Maße die benötigten Vita-

mine, Mineralstoffe, essentiellen Fettsäuren und andere Vitalstoffe verloren.

2. Die aus ihrem ursprünglichen Zustand herausgerissenen **Nähr- und Vitalstoffe** werden durch das Kochen zu Substanzen, die schädlich für unseren Körper sind. Dies ist leicht aus der Verdoppelung und Verdreifachung der Leukozytenzahl (weiße Blutkörperchen) im Blut zu erkennen, die eine halbe oder eine Stunde nach dem Verzehr gekochter Nahrung auftritt. Schadstoffe oder Medikamente, die in den Körper gelangen, rufen die gleiche Wirkung hervor.

3. Der Körper muß einen großen Teil seiner **Energie** aufwenden, um belastende Substanzen aus gekochter Nahrung auszuscheiden. Wer gekochte Nahrung ißt, zeigt ebenso Symptome der Ermüdung, eines Katers oder Entzugserscheinungen wie bei Kaffeetrinkern, Tabakrauchern, Alkoholtrinkern und Abhängigen härterer Drogen der Fall ist. Der Körper kann keine gesunden Zellen bzw. gesundes Gewebe aus minderwertigen Nährstoffen aufbauen. Was gekocht werden muß, um genießbar zu sein, hat keinen Nutzen mehr für die Ernährung des Menschen. Vermeiden Sie deshalb gekochte Nahrung, essen Sie möglichst viel Rohkost, die wir **Sonnen-Kost** nennen. Lebendige Lebensmittel führen zu einer strahlenden Gesundheit. Gekochte Lebensmittel wirken pathogen, da sie uns einerseits vergiften und andererseits Mangelerscheinungen hervorrufen.

Jedes Lebensmittel, das nicht in seinem natürlichen Zustand belassen ist, ist verfälscht. *Weiterverarbeitung* oder *Veredlung* bedeutet Veränderung. *Raffinieren* bedeutet verfeinern, in Teile zerlegt oder Veränderung in einen »reineren« Zustand. Weißes Mehl ist raffinierter (verfeinerter) Weizen. Obwohl verschiedene chemische Prozesse angewendet werden, um Mehl weiß zu machen, wird der Verfeinerungsprozeß von Weizenmehl hauptsächlich durch mechanisches Mahlen ausgeführt.

Raffinierter Zucker wird durch das Extrahieren von Zucker aus Zuckerrohr oder Rüben, durch Kochen und chemische Prozesse gewonnen, wodurch Rohrzucker erhalten wird.

Konservierung bedeutet die Behandlung von Lebensmitteln, damit diese länger als die Natur es vorgesehen hat, haltbar bleiben.

Dosennahrung ist meistens jahrelang haltbar. Sie ist für die Ernährung des Menschen aber nicht akzeptabel, selbst wenn sie vor dem Eindosen in Ordnung war. Der Verzehr von Dosennahrung ist nur zu akzeptieren für den Fall, daß man ansonsten verhungern würde. Wenn Sie ausschließlich von Dosennahrung leben würden, so werden Sie mit Bestimmtheit sehr schnell krank werden.

Einfrieren ist auch eine Methode, um Nahrungsmittel haltbar zu machen, Tiefkühlkost ist jedoch nicht so gesund wie Frischkost. Der große Nachteil liegt darin begründet, daß durch den Kälteschock viele Zellen platzen und durch Oxydation zerstört werden. Einige Lebensmittel werden jedoch durch Einfrieren nicht beeinträchtigt. Dies sind meist Lebensmittel mit einem sehr geringen Wassergehalt oder mit hohem Ölgehalt. Datteln, Trockenfrüchte, Nüsse und Samen können gefroren und dadurch frischgehalten werden. Trockenfrüchte sind gesund und nahrhaft, frische Früchte sind allerdings besser.

Veredlung, Verfeinerung und Konservierung wird ausgeführt, um Lebensmittel länger haltbar zu machen und ihre Struktur zu verändern, damit sie besser verkäuflich sind und besser schmecken. Viele Menschen essen mehr als 90 Prozent fabrikmäßig vorbehandelter oder gekochter Kost. Das ist unsere heutige Zivilisationskost. Kein Wunder, daß die Menschen immer kränker werden. Das Raffinieren von Lebensmitteln führt zu erheblichen Mängeln, selbst wenn sie vorher für die Ernährung gut geeignet gewesen wären.

Veredlung, Veränderung oder Verarbeitung von Lebensmitteln wird jedoch nicht nur in der Fabrik vorgenommen, sondern auch zu Hause. Veränderung beinhaltet alles, was Lebensmittel in ihrer ursprünglichen Form verändert. Kochen, Mahlen, Zerkleinern, Schälen und Mischen sind alles Prozesse, die in jedem **Haushalt** vorgenommen werden. Kochen ist am schädlichsten, desgleichen die Mikrowelle. Kochen sollte deshalb soweit wie möglich vermieden werden. Auch die anderen Prozesse sollten in Grenzen gehalten werden. Sie können Säfte pressen, jedoch sollten Sie in der Regel ganze Früchte, Salat oder Gemüse essen. Es ist immer besser, Früchte, Salate und Gemüse nicht zu zerkleinern. Die Nährstoffe bleiben in unbehandelten Lebensmitteln voll erhalten.

Schädliche Trinkgewohnheiten

Die heutigen Trinkgewohnheiten sind ebenfalls als ungesund zu bezeichnen. Die meisten Getränke sind schädlich. Gezuckerte und geschmacksangereicherte Getränke, wie zum Beispiel Kaffee, Kakao, Cola-Getränke, Limonaden, Bier, Wein, Whisky, schwarzer Tee, sind alle schädlich. Selbst Frucht- und Gemüsesäfte sind nicht so ideal, da sie nur noch »Teilnahrungsmittel« sind.

Meistens wird aus Gewohnheit oder Abhängigkeit getrunken, nicht aber um den Flüssigkeitsbedarf zu decken. Fast alle heutigen Trinkgewohnheiten wirken pathogen (krankheitsfördernd). Um den Körper mit genügend Transport- und Lösemittel (= Flüssigkeit) zu versorgen und bei außergewöhnlicher Hitze oder schwerer körperlicher Arbeit, ist das Trinken von reinem Wasser erforderlich.

Alternative Ernährungsformen

Vegetarismus

Vegetarier, die keinerlei tierische Produkte essen, werden als »Vegans« (reine Vegetarier) bezeichnet. Lakto-Vegetarier verzehren auch Milch und Milchprodukte. Ovo-Vegetarier essen Eier, enthalten sich aber aller Milchprodukte. Ovo-Lakto-Vegetarier essen sowohl Eier als auch Milchprodukte.

Die meisten Vegetarier leben aus ethischen Gründen vegetarisch. Dies gilt besonders für die Vegans, die das Leiden der Tiere vermeiden wollen. Vegetarier essen auch Kochnahrung. Einige leben aber auch von einer Kost, die hauptsächlich aus Rohkost besteht oder ganz und gar auf Rohkost basiert. Fast alle Vegetarier verwenden Kräuter, besonders jene, die aus Gesundheitsgründen zur vegetarischen Kost übergegangen sind. Einige Vegans folgen der natürlichen Gesundheitslehre. Die Gemeinsamkeit der Vegetarier liegt in der Achtung der Tiere.

Zahlreiche Studien haben ergeben, daß Vegetarier viel gesünder als der Großteil der Bevölkerung sind. Viele ihrer Lebenspraktiken sind allerdings auch nicht gesundheitsförderlich. Trotzdem sind sie aber unerheblich im Vergleich zu den Konsumenten von konventioneller Zivilisationskost.

Viele Vegetarier essen so gut wie alles, nur keine tierischen Produkte. Alkoholische Getränke werden getrunken. Fast food oder Imbißnahrung wird ebenfalls verzehrt. Diese Gruppe von Vegetariern lebt nicht aus Gesundheits-, sondern aus moralischen Gründen von vegetarischer Kost. Sie werden auch als »Puddingvegetarier« bezeichnet und haben oft keinen guten Gesundheitszustand. Sie sind ein schlechtes Aushängeschild für die vegetarische Bewegung. In der Regel sind Vegetarier aber viel gesundheitsbewußter als Nichtvegetarier.

Rohkost

Rohköstler essen nichts Gekochtes, Gebratenes oder Gebackenes, sondern nur frisches Obst, Gemüse, Salate und Nüsse. Die Bezeichnung »Rohkost« schreckt manche umstellungswillige Menschen ab, da ihnen diese Kostart zu »radikal« erscheint. Letztlich ist diese Kostart aber die ideale Ernährung, an die wir Menschen angepaßt sind. SonnenKost (*natürliche Gesundheitslehre*), Vitalkost (*Jamila Peiter*), Frischkost (*Bruker*), Intensivkost (*Schnitzer*) sind alles Rohkostarten.

Die schleimfreie Heilkost

Diese Methode wurde von Professor *Arnold Ehret* begründet und sagt aus, daß alles, was zur Schleimbildung führt, ungesund ist. Das ist richtig: denn alles, was den Körper veranlaßt, Schleim zu bilden, ist ein Anzeichen dafür, daß toxische oder schädliche Stoffe im Organismus sind.

Durch viele Versuche entdeckte *Ehret*, daß durch eine Ernährung aus Früchten, Salaten und einigen

Gemüsearten eine hervorragende Gesundheit erreicht werden kann.

Instinkt-Kost

Hierbei handelt es sich um eine in Frankreich durch *Guy-Claude Burger* bekannt gewordene Rohkost bestehend aus Obst, Gemüse, Salat, Nüsse sowie rohes Fleisch, rohe Eier und rohen Fisch. Es wird davon ausgegangen, daß auch der Mensch, genau wie das lebende Tier, in der Lage ist, seine Nahrung nach seinem Instinkt auszuwählen, wobei er sich nur von seinem Geruch und Geschmack leiten läßt. Dies ist aber nur bei rohen, naturbelassenen Lebensmitteln möglich. Sobald Lebensmittel behandelt oder zubereitet, d.h. fraktioniert werden (Zucker, Mehl, Öl), gekocht, gebraten oder gebacken oder miteinander gemischt und dazu mit Gewürzen versehen werden, ist eine instinktive Nahrungsauswahl nicht mehr möglich. Mit der Instinkt-Kost kann die richtige Nahrungsauswahl wieder erlernt werden.

SonnenKost

SonnenKost, ebenfalls eine Rohkost, besteht aus sonnengereiftem Obst, sonnengereiften Gemüsefrüchten und Salaten, Nüssen, Saaten und Samen, die ganz frisch, allein oder in richtiger Kombination verzehrt werden. Dies ist eine ideale Kost für uns Menschen. Sie unterscheidet sich von anderen Rohkostarten dadurch, daß weder rohe Tierprodukte, noch rohes Getreide verzehrt werden.

Ernährung der GesundheitsPraktiker

GesundheitsPraktikerInnen empfehlen eine Ernährung, die hauptsächlich aus rohen Früchten, Salaten, Gemüse, Nüssen, Samen und Sprossen besteht. Es gibt allerdings auch GesundheitsPraktikerInnen, die nicht auf Käse und Eier verzichten. Andere meinen wiederum, daß komplexe Kohlenhydrate in der Ernährung wichtig sind. Sie empfehlen sorgfältig gekochten Naturreis, Rüben, Kartoffeln, Süßkartoffeln und andere stärkehaltige Lebensmittel, wenn sie zusammen mit Salat gegessen werden. Gleichfalls essen sie auch Nüsse und Avocados zusammen mit grünen Salaten und Gemüsefrüchten.

GesundheitsPraktikerInnen in den USA haben das Konzept der richtigen Lebensmittelkombination entwickelt. Sie empfehlen ein Konzept, bei dem die Ernährung jedoch nicht die einzige Rolle spielt.

Frugivore (Früchteesser)

Es gibt relativ wenige Früchteesser, die sich ausschließlich von rohem Obst ernähren. Aber das Interesse an dieser Ernährungsart wird immer größer. Die meisten Fürchteesser essen auch Nüsse, Salate und Gemüse.

Vollwertkost

Das Wesentliche bei der Vollwertkost ist, daß kein weißer Zucker, keine Auszugsmehle (Weiß- und Graumehl) sowie kein Fleisch und kein Fisch verzehrt werden. Diese Kostart basiert vorwiegend auf Getreidegerichte einschließlich Müsli (*Bircher-Benner*), Frischkornbrei (*Bruker*) und Vollkornbrot (*Schnitzer*). Als Rohkost werden hauptsächlich Salate empfohlen. Obst nimmt keinen so großen Stellenwert ein (wahrscheinlich wegen der Gärbildung, die entsteht, wenn Obst und Getreidegerichte zusammen gegessen werden). Diese Kost wird oft als »Körnerkost« bezeichnet. Es wird noch viel gekocht, gebraten und gebacken. Tierprodukte wie Eier, Milch, Butter und Sahne werden von vielen Vollwertköstlern verwendet. Sie eignet sich gut für die Umstellung bzw. den Übergang von der üblichen Zivilisationskost zur Rohkost/Früchtekost.

Waerlandkost

Are Waerland aus Schweden verbrachte den größten Teil seines Lebens damit, die Grundlagen der Gesundheit zu studieren. Er war von der *Bircher-Benner*-Schule beeinflußt und förderte diese Ernährungslehre, die vorschreibt, viel frische, rohe Salate, Gemüse und Früchte zu essen. Seine Ernährungsempfehlungen enthalten jedoch auch verschiedene Getreidearten, die auf eine bestimmte Art zuzubereiten sind (Kruska).

Viele Thesen *Waerlands* stimmen mit unseren Ernährungs- und Gesundheitslehren überein. *Waerland* war Weltreisender und ein ernsthafter Vertreter seiner Lehre. Es besteht kein Zweifel, daß er die Philosophien und Praktiken der natürlichen Gesundheitslehre kannte und wesentliche Merkmale in sein eigenes System aufgenommen hat.

Dr. Bircher-Benner

Dr. *Bircher-Benner* empfiehlt hauptsächlich vegetarische Kost, die aus Getreide, Salaten, Gemüse und einigen Früchten besteht.

Makrobiotik

Die makrobiotische Ernährungslehre wurde von dem Japaner *George Oshawa* begründet. Das Hauptgewicht liegt auf einer Ernährung aus gekochtem Reis mit einigem gekochten Gemüse. Es sind nur sehr wenig Früchte in der makrobiotischen Ernährung enthalten. Die makrobiotische Ernährung ist eine große Verbesserung im Vergleich zur konventionellen Kost, da sie ein »bewußtes« Essen propagiert, eingebunden in die asiatische Philosophie des Ausgleichs von **Yin und Yang.** Diese beinhaltet zum Beispiel die Gegensatzpaare Säure- und Basenverbindungen, süße und salzige Nahrungsmittel, heiße und kalte Gerichte. In der makrobiotischen Ernährung wird die Kost aufgrund des Yin-und-Yang-Konzeptes festgelegt.

Richtige Lebensmittelkombination

Über die richtige Lebensmittelkombination gibt es viele Bücher und Tabellen (siehe »Wo finde ich was«?).

Wir möchten hier die von Dr. *Shelton* aufgestellten einfachen Lebensmittelkombinationsregeln vorstellen, die eigentlich alles aussagen:

Ein wichtiger Grundsatz der natürlichen Gesundheitslehre ist die richtige Lebensmittelkombination, wenn mehr als eine Nahrungsart während einer Mahlzeit gegessen wird (siehe Lebensmittelkombinationstabelle und »Fit für's Leben« von *Harvey* und *Marilyn Diamond*). Die Menschen haben keine Probleme, ein Nahrungsmittel einzeln zu verdauen. Werden aber mehrere Nahrungsarten innerhalb einer Mahlzeit verzehrt, so müssen diese richtig kombiniert werden, damit sie für den Verdauungsprozeß geeignet sind.

Wenn eine Mahlzeit verschiedene Nahrungsarten enthält, die eine unterschiedliche Verdauungsarbeit erfordern, so wird die Verdauung beeinträchtigt. Die Verdauung wird aufgehalten, ob wir uns dessen bewußt sind oder nicht, unabhängig davon, ob wir Unpäßlichkeiten bei schlechter Verdauung spüren oder nicht. Die Verdauung kann für lange Zeit beeinträchtigt sein, ohne daß Sie es merken.

In der Verdauungsphysiologie wurde erkannt, daß unterschiedliche Nahrung auch unterschiedliche **Ver-**

dauungssäfte erfordert. Für die Eiweißverdauung ist im Magen ein stark saures Milieu erforderlich, damit das Enzym Pepsin wirken kann. Für die Verdauung von Stärke ist im Mund ein leicht alkalisches Milieu erforderlich, damit das Enzym Ptyalin des Speichels (auch Speichelamylase genannt) wirken kann und ein leicht alkalisches Milieu im Dünndarm, damit die dort wirkenden Enzyme die Stärkespaltprodukte weiter abbauen können. Ißt man Eiweiß, so werden über vegetative Regulationen sowohl die Säurebildung im Magen angeregt als auch zugleich die Alkalibildung im Speichel und im Dünndarm vermindert. Ißt man Stärke (Kohlenhydrate) so werden durch die vegetativen Regulationen im Speichel und im Dünndarm die Alkalibildung deutlich angeregt und zugleich im Magen die Säurebildung stark gedrosselt. Ißt man beides zusammen, Eiweiß und Stärke, so werden sowohl die Alkalisubstanzen (Basen) in Speichel und Dünndarm als auch die Säure im Magen mäßig viel gebildet, was zur Folge hat, daß weder die Eiweißverdauung, noch die Stärkeverdauung optimal verläuft.

Aus dieser physiologischen Lebensgrundlage ergibt sich folgende Regel: **Essen Sie niemals Eiweiß- und Stärkenahrung während derselben Mahlzeit.**

Verdauungszeiten

Die unterschiedlichen Verdauungszeiten erzwingen die Auswahl der Lebensmittel, die miteinander kombiniert werden. Verschiedene Früchte unterliegen unterschiedlichen Verdauungsaufgaben. Der Körper verdaut ohne weiteres saure und süße Früchte. Die Säuren der sauren Früchte müssen jedoch zuerst verändert und zu basischen (alkalischen) Substanzen verarbeitet werden, bevor sie absorbiert werden können. Dies erfordert einen längeren Aufenthalt im Magen. Jeder gleichzeitige Aufenthalt süßer Früchte im Magen kann eine Gärung hervorrufen. Hieraus kann man wieder erkennen, daß Nahrungsmittel, die nicht richtig kombiniert werden, die Verdauung beeinträchtigen und auf lange oder kurze Sicht physiologische Probleme hervorrufen können.

Süße Früchte besitzen ihre eigenen Verdauungsmerkmale. Die Wassermelone ist die Frucht, die am schnellsten verdaut wird. Auch andere Melonen bleiben nur sehr kurz im Magen. Bananen, Trauben und Äpfel können dagegen drei- bis viermal so lange im Magen bleiben. Werden Bananen, Äpfel oder Trauben mit Melonen zusammen gegessen, kann das schon Gärung und Magenbeschwerden hervorrufen, allein durch die zu lange Verweildauer der Melonen im Magen, wenn diese nicht für sich gegessen werden.

Dr. *Sheltons* neun Lebensmittelkombinationsregeln sind:

1. Essen Sie keine kohlenhydratreichen (Zucker, Brot, Getreide, Reis, Kartoffeln, Nudeln) und sauren Lebensmittel (Früchte) zusammen.

2. Essen Sie keine eiweißreichen (Fleisch-, Milchprodukte) und kohlenhydratreichen Lebensmittel gemischt zu einer Mahlzeit.

3. Essen Sie keine zwei eiweißreichen Lebensmittel bei einer Mahlzeit.

4. Essen Sie keine Fette zusammen mit Eiweiß.

5. Essen Sie keine sauren Früchte zusammen mit Eiweiß.

6. Essen Sie keine Stärke und Zucker zusammen.

7. Essen Sie jeweils nur ein kohlenhydratreiches Lebensmittel bei einer Mahlzeit.

8. Essen Sie Melonen nicht zusammen mit anderen Lebensmitteln.

9. Milch trinken Sie am besten allein, nicht mit anderen Lebensmitteln zusammen (wenn überhaupt!).

Ernährungsgrundlagen

Um zu verstehen, weshalb Lebensmittelkombination wichtig ist, benötigen Sie einige Kenntnisse zur Verdauungsphysiologie der einzelnen Nährstoffe.

Kohlenhydrate

Kohlenhydrate sind die wichtigste Nahrung für uns Menschen, da sie die benötigten »Brennstoffe« für alle Körperfunktionen und Aktivitäten zur Verfügung stellen. Diese organischen Verbindungen aus Kohlenstoff, Wasserstoff und Sauerstoff, zusammen mit Eiweiß und Fetten, stellen die Hauptbestandteile lebendiger Materie dar.

Kohlenhydrate stellen die benötigten Kalorien zur Verfügung, die für den Energiehaushalt des Körpers erforderlich sind. Ohne die Kalorien der Kohlenhydrate kann kein Verdauungsprozeß stattfinden. Früchte sind die ideale Kohlenhydratnahrung.

Raffinierte bzw. weiterverarbeitete Kohlenhydratnahrungsmittel wie Brot, Kuchen, polierter Reis, raffinierter Zucker und Produkte daraus sind ihrer Vitalstoffe (Mineralstoffe, Vitamine und Enzyme) größtenteils beraubt worden oder durch den industriellen Verarbeitungsprozeß durch Kochen, Braten oder Backen zerstört worden und fördern Krankheiten wie Zahnverfall, Diabetes mellitus, Hypoglykämie (Unterzuckerung), Knochenerkrankungen, Darmstörungen und viele andere Beschwerden (Krämpfe, Schlaflosigkeit, Nervosität). Wir brauchen natürliche Lebensmittel wie Früchte, Salate, Gemüse, Nüsse und Samen. Diese stellen uns vollwertige Kohlenhydrate, Vitamine, Mineralien, Enzyme und Faserstoffe in ausreichender Menge zur Verfügung.

Kohlenhydrate werden durch grüne Pflanzen mittels eines Prozesses, der als Photosynthese bekannt ist, gebildet. Während der Photosynthese verbinden sich Pflanzenchlorophyll, Pflanzenenzyme, Sonnenlicht, Kohlendioxyd der Luft und mineralhaltiges Wasser aus der Erde in einem komplizierten Prozeß zu Kohlenhydraten.

In der Vergangenheit und auch noch heute besteht in einigen Teilen der Welt die Kost zum größten Teil aus Kohlenhydratnahrung. Es werden besonders Produkte verwendet, die örtlich angebaut werden. In den meisten westlichen Ländern machen jedoch Fleisch und andere Eiweiß-/Fettnahrungsmittel einen hohen Anteil der Kost aus. Raffinierte und weiterverarbeitete Kohlenhydratprodukte werden ebenfalls in sehr großen Mengen gegessen.

Während der letzten Jahrzehnte sind immer mehr Nahrungsmittelfabriken und Raffinerien entstanden, die hochraffinierte, hochverarbeitete und mit chemischen Stoffen behandelte »Nahrungsmittelqualität« produzieren. Ein großer Anteil dieser »Nahrungsmittel« sind Kohlenhydrate, das heißt, es wird Energie in Form von Kalorien zur Verfügung gestellt. Diese »Nahrungsmittel« sind keine echten Nahrungsmittel, da ihnen viele Elemente der Ursprungsnahrung fehlen;

z. B. werden die Keime und die Kleie vom Weizen entfernt, und es bleibt fast reine Stärke zurück. Die Vitamine, Mineralien und Faserstoffe, die mit der Stärke für die Ernährung benötigt werden, um den Weizen als vollständige Nahrung zu erhalten, fehlen. Es ist widersinnig, die natürlichen Nahrungsbestandteile zu entfernen. Wir brauchen zur Ernährung das ganze Weizenkorn. Doppelt unsinnig ist es, die von der Industrie entfernten Bestandteile wie Kleie, Weizenkeimöl später in der Apotheke als sog. Nahrungsergänzungsmittel zu kaufen. Das gleiche gilt für synthetische Vitamine und Mineralien in Tabletten oder Pulverform.

Kohlenhydrate, auch als Saccharide bekannt, werden aufgrund der Anzahl von einzelnen Kohlenhydratmolekülen in ihrer chemischen Struktur eingruppiert.

Monosaccharide

Dies ist der einzige Zucker, der vom Körper aufgenommen und verwendet werden kann. Disaccharide und Polysaccharide müssen erst durch den Verdauungsprozeß, der als Hydrolyse bekannt ist, zunächst in Monosaccharide abgebaut werden. Nur dann können sie vom Körper verwendet werden. Drei Monosaccharide sind besonders bedeutsam. Es sind Glukose, Fruktose und Galaktose.

Disaccharide

Disaccharide ergeben durch Hydrolyse zwei Monosaccharidmoleküle. Wichtige Disaccharide sind: Saccharose (Rohrzucker), Maltose (Malzzucker) und

Laktose (Milchzucker).

Polysaccharide

Die Polysaccharide können wie die Disaccharide nicht direkt vom Körper verwendet werden. Sie müssen zuerst in Monosaccharide zerlegt werden.

Polysaccharide enthalten bis zu 60.000 einfache Kohlenhydratmoleküle. Diese Kohlenhydratmoleküle sind in langen Ketten in gerader oder in zweigförmiger Struktur angeordnet. Es gibt vier Polysaccharide, die für die Ernährung von Bedeutung sind: Stärke, Dextrin, Glykogen und Zellulose.

1. *Stärke*

   Stärke kommt reichhaltig in der Pflanzenwelt vor und befindet sich in granulierter Form in den Zellen von Pflanzen.

   Stärkekörnchen sind in den Lagerorganen der Pflanze enthalten, wie zum Beispiel in den Samen, Knollen, Wurzeln und im Stamm-Mark. Sie sind eine Nahrungsreserve für die Pflanze, erhalten die Wurzel oder Knolle während des Winters und nähren den wachsenden Embryo während der Keimung.

2. *Dextrin*

   Es gibt verschiedene Sorten dieses Polysaccharids. Dextrine wer-den im allgemeinen als gekochte Stärkenahrung verzehrt. Sie entstehen durch Hitzeeinwirkung. Dextrine sind auch Zwischenprodukte der Stärkeverdauung und werden durch die Einwirkung von Amylase auf Stärke gebildet. Sie hinterlassen das Disaccharid Maltose beim Hydrolyseprozeß.

3. *Glykogen*

Glykogen ist das Speicher-Kohlenhydrat der Menschen. Für uns und die Tiere ist es das gleiche wie Stärke für Pflanzen.

4. *Zellulose*

Genau wie Stärke und Glykogen ist Zellulose aus Tausenden von Glukosemolekülen zusammengesetzt. Sie enthält über 50 Prozent des Kohlenstoffs in der Vegetation und ist der strukturelle Bestandteil der Zellwände von Pflanzen. Zellulose ist folglich die am meisten vorkommende, natürlich vorliegende organische Substanz. Sie wird durch ihre Unlöslichkeit, ihre chemische Trägheit und ihre physikalische Härte charakterisiert. Dieses Polysaccharid kann nur von Kühen, Schafen, Pferden usw. verdaut werden, da diese Bakterien in ihrem Magen haben, deren Enzymsysteme Zellulosemoleküle zerlegen können. Die Menschen besitzen keine Enzyme für die Verdauung von Zellulose. Sie passiert den Verdauungstrakt unverändert.

Kohlenhydrate haben nur **eine** grundlegende Bedeutung in unserer Kost: Sie stellen **Energie** zur Verfügung. Kohlenhydrate oder Kalorien decken aber nicht allein unseren Bedarf ausreichend. Eiweiß, Wasser, Vitamine,

Mineralien, Fette sowie weitere Vitalstoffe müssen hinzukommen. Das bedeutet, daß eine Kost, die aus raffiniertem Zucker, raffiniertem Reis, Mehlprodukten und anderen Teilnahrungsmitteln besteht, obwohl ausreichend Kalorien bereitgestellt werden, unzureichend ist. Ein Mensch, der eine derartige Kost zu sich nimmt, wird viele Gesundheitsprobleme haben, da der Organimus nicht in der Lage ist, ausschließlich von Kohlenhydraten zu leben. Sie müssen in Verbindung mit anderen Nährstoffen gegessen werden, damit sie für die Energieproduktion und die Ernährung des Körpers nützlich sind.

Kohlenhydrate sind Bestandteil jeder Nahrung

Kohlenhydrate sind zusammen mit Eiweiß und Fetten die Hauptbestandteile lebendiger Materie. Sie erhalten die funktionale Aktivität der Zellen und dienen als Struktur- und Reservestoffe. Kohlenhydrate sind die Hauptenergiequelle für uns Menschen.

Es gibt kein einziges Lebewesen, sei es Pflanze oder Tier, das nicht in irgendeiner Form Kohlenhydrate enthält. Obwohl die Quantität und Form der Kohlenhydrate verschieden ist, ist die Gegenwart von Kohlenhydraten als integraler Bestandteil des Lebens konstant. Dies bedeutet, daß alle Lebensmittel eine potentielle Quelle für Kohlenhydrate sind.

Die meisten Lebensmittel können leicht aufgrund ihrer organischen Zusammensetzungen (Eiweiß, Kohlenhydrate, Fett usw.) klassifiziert werden.

Stärke als Quelle für Kohlenhydrate

Stärkehaltige Lebensmittel können in vier Gruppen unterteilt werden:

Stärkehaltige Gemüse

Alle Arten von Kartoffeln, Winterkürbisse und Jerusalem-Artischocken (Topinambur). (Anmerkung: Kürbisse gehören eigentlich zu den Früchten.)

Leicht stärkehaltige Gemüse
Karotten, Blumenkohl, rote Bete, Steckrüben.

Getreidearten
Alle Getreidearten wie Weizen, Roggen, Gerste, Reis, Hirse, Buchweizen und Hafer.

Hülsenfrüchte
Erdnüsse, Linsen, Erbsen und Bohnen.

Früchte als Quelle für Kohlenhydrate

Einige nicht-süße Gemüsefrüchte, wie z. B. Paprika, Kürbisse, Zucchini, Gurken und Tomaten, gehören botanisch auch zu den Früchten. Deshalb teilen wir Früchte in zwei Gruppen auf:

1. süße Früchte (Obst)
2. nicht-süße Früchte (Gemüse).

Wir werden uns hauptsächlich mit den süßen Früchten befassen, obwohl auch nicht-süße Früchte etwas

Zucker enthalten. Die meiste Energie erhalten wir jedoch nicht durch Gemüse, sondern durch Obst.

Für die richtige Lebensmittelkombinierung kann man die süßen Früchte in vier Gruppen unterteilen:

1. süße Früchte
2. leicht säuerliche Früchte
3. saure Früchte
4. Melonen.

Eiweiß (Protein)

Eine natürliche Ernährung deckt den gesamten Eiweißbedarf des Menschen.

Der Eiweißbedarf ist von den meisten Ernährungswissenschaftlern zu hoch angesetzt. Schon seit langem ist aufgrund wissenschaftlicher Ergebnisse und praktischer Erfahrungen bekannt, daß der Eiweißbedarf des Menschen nur bei 20 bis 30 Gramm liegt, während offiziell immer noch 70 bis 80 Gramm, empfohlen werden. Die meisten Menschen der westlichen Länder verzehren aber durchschnittlich pro Tag 100 bis 150 Gramm meist tierisches Eiweiß pro Tag!

Der Eiweißbedarf wird aber am besten durch eine natürliche Ernährung aus Früchten, Salaten, Gemüse, Nüsse, Samen und Sprossen gedeckt. Dadurch wird Eiweiß in hoher Qualität mit allen essentiellen Aminosäuren zur Verfügung gestellt. Dieses Eiweiß ist besonders leicht verdaulich, es werden keine Giftstoffe im Körper entwickelt ganz im Gegensatz zum Überkonsum, der zu vielen Krankheiten wie Osteoporose (Abnahme der Knochendichte), Kalziummangel, Gicht, Rheumatismus, Nierenkrankheiten, Bluthochdruck, Arteriosklerose, Krebs usw. führen kann.

Es gibt zwei Gründe, weshalb Eiweiß vom Körper benötigt wird:

1. Wachstum und
2. Gewebewiederherstellung (Regeneration) und -ersatz.

Eiweiß wird nicht für Muskelenergie, erhöhte Aktivität oder als Brennstoffquelle benötigt. Eiweiße sind notwendig für das normale Wachstum und die Erhaltung der Körpergewebe.

Wachstum

Der Eiweißbedarf ist am höchsten, wenn das Wachstum am schnellsten vorangeht. Als Beispiel wollen wir den Eiweißgehalt der Muttermilch nach den ersten sechs Monaten der Geburt vergleichen:

Zeit nach der Geburt	***Eiweiß prozentsatz***
vom 8. bis zum 11. Tag	2,38 %
vom 20. bis zum 40. Tag	1,79 %
vom 70. bis zum 120. Tag	1,49 %
vom 170. Tag und später	1,07 %

Beachten Sie, daß der Eiweißgehalt zu Beginn der Wachstumsperiode am höchsten ist, um eine schnelle Entwicklung des Babys zu ermöglichen. Wenn die Wachstumsphase verlangsamt wird, wird der Eiweißgehalt in der Muttermilch automatisch geringer. Es ist auch interessant festzustellen, daß der Prozentsatz des Eiweißes, der in der Muttermilch enthalten ist, in etwa dem Prozentsatz der meisten Früchte/Salate und Gemüse entspricht. Zum Beispiel haben Trauben 1,3% Eiweißgehalt, Himbeeren 1,5%, Datteln 2,2%.

Der Eiweißbedarf in der Nahrung ist für die meisten Tiere am höchsten während der Zeiten, in denen das Neugeborene sein Geburtsgewicht verdoppelt. Es ist wichig, daß wir erkennen, daß der Eiweißgehalt der Muttermilch, die optimale Nahrung, die die Natur für das schnelle Wachstum des Säuglings vorgesehen hat, weitaus geringer ist, als der der gewöhnlichen Nahrungsmittel, die aufgrund ihres hohen Eiweißgehalts empfohlen werden (wie z.B. Fleisch, Nüsse, Hülsenfrüchte, Getreide usw.).

Regeneration von Gewebe

Seine zweite Rolle spielt Eiweiß bei der Wiederherstellung (Regeneration) von Gewebe oder beim Ersatz verbrauchter Zellen. Wenn ein Organismus ausgewachsen ist, beim Menschen ist das gewöhnlich zwischen 18 und 22 Jahren der Fall, wird Eiweiß nur benötigt, um den Verlust zu ersetzen, der durch Gewebeabbau und Gewebezerstörung entsteht. Entartete Zellen und Zellrückstände entstehen hauptsächlich aufgrund einer Vergiftung im Körper. Wenn wir uns eine Lebensweise und Ernährung zulegen, durch die nur eine minimale Menge an Giftstoffen in unseren Körper gelangt, dann nimmt auch der Gewebeverfall deutlich ab. Als Resultat verringert sich der tatsächliche Eiweißbedarf.

Eiweiß wird nicht direkt als Brennstoff für den Körper oder für Muskelaktivitäten verwendet. Eiweiß wird nur als Brennstoff verwendet, wenn ein Mangel an Kohlenhydraten besteht. Ist dies der Fall, so spaltet der Körper die stickstoffhaltigen Stoffe der Eiweißmoleküle ab und verwendet den verbleibenden Kohlenstoffgehalt, um Brennstoff zu produzieren. Dieser Prozeß bedeutet nicht nur einen Verlust an Energie, sondern er stellt auch einen unnötigen Streß für Leber, Nieren und andere Organe dar, da diese die unverwertbaren Stickstoffabfälle ausscheiden müssen.

Was ist Eiweiß?

Eiweiß ist eines der drei Grundnahrungsstoffe. Die anderen beiden sind Kohlenhydrate und Fette. Eiweiße sind hochkomplizierte Verbindungen aus Kohlenstoff, Wasserstoff, Stickstoff, Sauerstoff und kleinen Mengen an Schwefel und Jod. Sie sind im Protoplasma jeder lebenden Zelle enthalten und an jeder organischen Aktivität des Organismus beteiligt.

Es gibt viele verschiedene Eiweißarten in Tieren und Pflanzen. Zum Beispiel haben alle Pflanzen wenigstens zwei verschiedene Eiweißarten, und innerhalb des menschlichen Körpers gibt es über 100.000 verschiedene Arten. Obwohl sich alle diese Eiweiße in ihrem Molekülgefüge unterscheiden, besitzen sie aber alle ungefähr die gleiche chemische Zusammensetzung: 54% Kohlenstoff, 22% Sauerstoff, 17% Stickstoff, 7% Wasserstoff und 1% Schwefel, Jod usw.

Die hauptsächlichen Pflanzeneiweiße sind Albumin (in Früchten und Gemüse enthalten), Gluten (im Weizen und Getreide), Legumin (in Erbsen und Bohnen), Globulin (in Nüssen) und Muko-Eiweiß (in Erbsen, Bohnen und Samen). Einige der tierischen Eiweiße sind Kasein (in Milch und Molkereiprodukten enthalten), Gelatine (in Knochen und Sehnen), Fibrin (im Blut) und Myosin (im Fleisch von Tieren).

Alle diese Eiweiße sind aus Aminosäuren zusammengesetzt. Aminosäuren sind vereinfacht die Bausteine von Eiweiß. Eiweiße können als Ketten von Aminosäuren betrachtet werden, die miteinander verbunden sind, um eine Struktur zu bilden.

Viele Aminosäuren sind notwendig, um eine Eiweißverbindung zu bilden. In vielen Fällen sind mehrere verschiedene Arten von Aminosäuren im gleichen Eiweißmolekül enthalten. Diese Aminosäuren sind für den Körper wichtig, und aus diesem Grund benötigt der Körper das Eiweiß.

Von den 23 Aminosäuren werden acht Aminosäuren als essentiell oder unentbehrlich bezeichnet. Diese sind: Isoleucin, Leucin, Lysin, Methionin, Phenylalanin, Threonin, Tryptophan und Valin. Es wird auch angenommen, daß eine neunte Aminosäure, Histidin, für Säuglinge unentbehrlich ist, und eine zehnte im Kindesalter: Arginin.

Eine »essentielle Aminosäure« ist eine Aminosäure, die der Körper nicht durch Reduktion oder Oxydation aus anderen Aminosäuren herstellen kann. Anders ausgedrückt, eine essentielle Aminosäure muß in der Nahrung enthalten sein, da sie nicht im Körper hergestellt werden kann.

Die verbleibenden 15 Aminosäuren werden als »nicht essentiell« (entbehrlich) bezeichnet. Diese Bezeichnung ist allerdings etwas irreführend. Für unsere Gesundheit und unser Wohlbefinden sind auch diese unentbehrlich. Es ist nur nicht unbedingt erforderlich, daß sie in den Lebensmitteln, die wir essen, vorhanden sind, da sie der Körper selber herstellen kann. (Vorausgesetzt, daß eine ausreichende Versorgung mit den essentiellen Aminosäuren in unserer Nahrung vorhanden ist.)

»Vollwertiges« Eiweiß

Der Begriff des »vollwertigen Eiweißes« wurde und wird nach wie vor von der Fleisch- und Milchindustrie so sehr propagiert, daß der Durchschnittsmensch glaubt, er müsse Fleisch essen (oder wenn »Vegetarier«, dann wenigstens Eier und Milch) oder zumindest Eiweißkombinationen wie Getreide und Bohnen, um ausreichend hochwertiges Eiweiß zu erhalten. Alle diese Ansichten sind überholt und können in der Tat zu Gewohnheiten führen, die die Vergiftung im Körper erhöhen.

Es ist **nicht** notwendig, daß alle acht essentiellen Aminosäuren in Lebensmitteln enthalten sind oder gar innerhalb einer Mahlzeit, um unseren Eiweißbedarf vollständig zu decken. Der Körper besitzt seinen Aminosäuren-Pool, aus dem er Aminosäuren, die in der Nahrung fehlen, beziehen kann. Benötigte Aminosäuren können dem Kreislauf entnommen werden, oder sie können von der Leber oder anderen Zellen in den Kreislauf gegeben werden. Der Aminosäuren-Pool dient also als Lieferant für essentielle Aminosäuren, die bei den nichtessentiellen Eiweißen fehlen. Diese Tatsache wurde durch Beobachtung von Patienten nach langem Fasten bewiesen. Sie hatten keinen Eiweißmangel, jedoch ein wiederhergestelltes Eiweißgleichgewicht.

Nur die fleischfressenden Tiere in der Natur fressen »vollwertige Eiweiße«. Die meisten pflanzenfressenden Tiere fressen Gras, Knollengewächse, Früchte, Getreide usw., und dies oft mit wenig Abwechslung. Trotzdem weisen sie aber keinerlei Zeichen von Eiweißmangel auf. Tatsächlich ist Eiweißvergiftung durch den Verzehr von stark eiweißhaltigen Lebensmitteln unter den westlichen Völkern weitaus häufiger der Fall als ein Eiweißmangel.

Eine abwechslungsreiche Ernährung mit Früchten, Gemüse, Nüssen, Samen und Sprossen kann uns mit allen essentiellen und nicht essentiellen Aminosäuren versorgen, zusammen mit all den anderen Nährstoffen, die wir benötigen. Diese Lebensmittel sind gesund. Lebensmittel, die für die Ernährung des Menschen geeignet sind und die Form, in der sie vorliegen, verhelfen zur leichten und wirksamen Nutzung durch den Körper.

Vitamine

Die typische Ernährung des »zivilisierten« Menschen führt oft zu Vitaminmangel, woraus sich eine Schädigung der Gesundheit ergibt. Aber auch Überschüsse können zu Gesundheitsproblemen führen.

Vitaminpräparate und sonstige Nahrungsergänzungsmittel sind weder notwendig noch nützlich, da sie Gesundheitsschäden hervorrufen können, besonders wenn sie in »Megadosen« eingenommen werden.

Eine natürliche Ernährung, bestehend aus frischen Früchten, Salaten, Gemüse, Nüssen und Samen versorgt den Körper ausreichend mit Vitaminen. Außerdem ist Sonnenlicht notwendig, damit genügend Vitamin D vom Körper produziert werden kann.

Zuviel Fett, Eiweiß, raffinierter Zucker sowie Genußmittel wie Alkohol, Nikotin, Kaffee, Tee, Schokolade, aber auch Medikamente, Konservierungsstoffe, Gewürze und Salz stören den Vitaminhaushalt erheblich.

Die Rolle der Vitamine in der Ernährung ist einer der am wenigsten verstandenen Fachbereiche der Ernährungswissenschaften. Im heutigen Zeitalter der Technologie und Industrie werden raffinierte Nahrungsmittel, Pillen, Pülverchen, Arzneimittel und Vitamintabletten vom Mediziner bis zum Naturheilpraktiker für eine gute Gesundheit als notwendig angesehen. Einige empfehlen Multivitaminpräparate aus der Apotheke. Andere die verschiedensten Vitamintabletten.

Einige dieser Vitamintabletten werden aus natürlichen Nahrungsquellen hergestellt. Manch einer behauptet auch, daß eine ausgewogene Vielfalt an Mineralien zu unserer täglichen Nahrung kommen muß. Der nächste ist davon überzeugt, daß auch Eiweißpulver nicht fehlen darf. Letztere meinen auch, daß ein »komplettes« Ernährungszusatzmittel-Programm nicht allein aus Vitaminen bestehen sollte.

Wir sollten darauf achten, vollwertige Lebensmittel nicht an Stelle von Zusätzen zu verwenden, um Symptome zu kurieren, die für Vitamin- oder Nährstoffmangel gehalten werden. Wir benötigen als Nahrung Kohlenhydrate (Kalorien) genauso wie Vitamine, Mineralien und Eiweiß. Auch die Bedeutung des Wasseranteils und die der noch unentdeckten Nährstoffe in frischen Lebensmitteln darf nicht unterschätzt werden. Nahrung ist immer als eine Einheit zu betrachten und nicht als eine bestimmte Quelle für Vitamine oder andere Nährstoffe.

Vitamine sind organische Verbindungen, die der Körper benötigt, um normal arbeiten zu können. Sie können, von einigen Ausnahmen abgesehen, nicht vom Körper hergestellt werden. Deshalb müssen sie durch die Nahrung bereitgestellt werden. Sind sie nicht ausreichend vorhanden, entwickeln sich Krankheiten.

Es ist wichtig, daß man versteht, daß die Wissenschaftler nicht jede Substanz in der Nahrung, die lebenswichtig für die normalen Funktionen unseres Körpers sind, isoliert haben. Deshalb müssen wir, um eine gute Ernährung zu gewährleisten, natürliche Lebensmittel zu uns nehmen und keine Vitaminpräparate. Es gibt keine Vitaminpille, die alle Vitamine enthält, die unser Körper benötigt.

»Vitaminfunktion« ist ein allgemein benutzter Ausdruck, ebenso wie »Vitaminaktion«. Diese Ausdrucksweisen führen jedoch zu falschen Vorstellungen. Vitamine können nicht selbsttätig handeln, da sie leblose chemische Substanzen sind. In jedem und in allen physiologischen Prozessen handelt immer der Körper. Vitamine werden vom Körper für viele Zwecke verwendet. Gewöhnlich werden Vitamine mit anderen Substanzen verbunden und erfüllen hiermit die Erfordernisse des Körpers. Es ist wichtig zu wissen, daß der Körper aufgrund der Vitamine handelt und die Vitamine keine selbständigen Handlungen im Körper ausführen.

Vitamine werden benötigt für komplette Abläufe, beispielsweise ist die Produktion von Energie im Körper, wenn Nahrung in den Zellen »verbrannt« wird, nicht nur allein von Vitamin B_1, sondern auch von den Vitaminen B_2 und Niazin abhängig.

Die Vitamine wirken auch mit allen anderen Nährstoffen wie z. B. Fetten, Kohlenhydraten und Eiweiß zusammen. So wird zum Beispiel Vitamin B_6 für den normalen Metabolismus (Stoffwechsel) von Eiweiß benötigt. Es ist angebracht, darauf hinzuweisen, daß wir nicht nur allein an Vitamine denken sollten, wenn wir die Funktionen des Körpers betrachten. Vitamine sind nur ein kleiner Teil des Stoffwechsels, der im Körper abläuft.

Die Vitamine können aufgrund ihrer Eigenschaften eingeteilt werden. Die zwei grundlegenden Vitamingruppen sind die fettlöslichen Vitamine (A, D, E und K) und die wasserlöslichen Vitamine (Vitamin C und die B-Komplex-Vitamine).

Mineralien

Mineralstoffe wirken nicht isoliert im Körper und sind auch nicht isoliert in Lebensmitteln enthalten. Ein bestimmter Mineralstoff kommt im Körper und in Nahrungsquellen immer zusammen mit anderen Mineralien, Vitaminen, Enzymen usw. vor.

Die traditionellen Mineralstofftherapien in Form von Mineralstoffzusatzmitteln, Zellsalzen, Mineralwasser usw. sind für die Behandlung von Mineralstoffmängeln nutzlos.

Die Menschen können nur organisch gebundene Mineralstoffe verwerten wie sie z.B. in Früchten und Pflanzen enthalten sind. Eine Nahrung, die Früchte, Salate, Gemüse, Samen, Nüsse und Sprossen enthält, stellt uns alle Mineralstoffe, die wir benötigen, in der Form zur Verfügung, in der sie am besten vom Körper verwertet werden können.

1. Kein Mineralstoff wird vom Körper isoliert verwendet. Alle Mineralstoffe wirken zusammen mit anderen Mineralstoffen, Vitaminen, Enzymen. Es ist übertrieben vereinfacht zu sagen, daß *»Eisen Blut bildet«* oder *»Kalzium Knochen aufbaut«*. Zum Bei-

spiel muß auch Kupfer vorhanden sein, damit das Eisen zum Blutbilden verwertet werden kann. Ebenso muß auch eine bestimmte Menge Phospor vorhanden sein, damit der Körper Kalzium verwenden kann, um Knochen aufzubauen. Indes ist es aber auch eine Tatsache, daß der Körper bestimmte Mineralstoffe für bestimmte Organe als Nährstoffe stärker nutzt als für andere Organe. Weiterhin verwendet der Körper bestimmte Mineralien, um gewisse Körperfunktionen auszuführen.

2. Mineralstoffmangel existiert selten in einem Vakuum und ist selten die einzige Ursache für den Zustand, in dem sich der Körper befindet. Häufig tritt ein Mineralstoffmangel auf, obwohl das benötigte Mineral reichlich in der zugeführten Nahrung enthalten ist. Doch der Körper kann diesen Mineralstoff weder verdauen noch aufnehmen.

   Der Mineralstoffbedarf hängt ab von der Konstitution des einzelnen Menschen, dem Klima, der Art der Arbeit, die verrichtet wird, der Persönlichkeit, dem Alter, Geschlecht, Körpergewicht, Gesundheitszustand und vielen anderen Faktoren. Es gibt keine Richtlinien für Mineralstoffe, die für jeden richtig sind. Alle empfohlenen Richtlinien können stark variieren und können nicht als »Gesetz« angesehen werden.

3. Mineralstoffe sind reichlich in natürlichen Lebensmitteln enthalten wie z.B. in Früchten, Gemüse, Salaten, Samen, Nüssen und Sprossen.

Mineralstoffe sind natürlich vorkommende anorganische Elemente, die in der Erde enthalten sind und in organisch-gebundene Verbindungen zur Aufnahme und Nutzung für den menschlichen Körper umgeformt werden.

Diese Definition enthält zwei Teile:

1. Wir beschäftigen uns nur mit jenen Mineralstoffen, die direkt für den menschlichen Organismus verwertbar und für eine gesunde Funktion des Körpers lebensnotwendig sind.

2. Wir unterscheiden zwischen der anorganischen Form von Mineralstoffen, wie sie in der Erde vorkommen, und der organisch-gebundenen Form von Mineralstoffen, die vom menschlichen Körper genutzt werden kann. Der Unterschied zwischen der organisch-gebundenen und anorganischen Mineralstoffform ist der wesentliche Punkt zum richtigen Verständnis der Mineralstoffernährung.

Die nachfolgenden 13 Mineralien sind in nennenswerten Mengen im Körper vorhanden und sind in der Reihenfolge ihres Prozentanteils vom Körpergewicht aufgeführt.

Mineralstoffe	*Prozentsatz vom ges. Gewicht des Körpers:*
Kalzium	2,00 %
Phosphor	1,00 %
Kalium	0,40 %
Schwefel	0,25 %
Chlor	0,25 %
Natrium	0,25 %
Fluor	0,20 %
Magnesium	0,05 %
Eisen	0,008 %
Mangan	0,003 %
Silikon	0,002 %
Kupfer	0,00015 %
Jod	0,00004 %

Die anderen nachfolgend aufgeführten Mineralstoffe werden auch als »Spurenelemente« bezeichnet, da sie nur in ganz geringen Mengen im Körper vorhanden sind:

Spurenelemente

Zink	Titan	Argon
Kobalt	Zinn	Beryllium
Molybdän	Silber	Boron
Aluminium	Rubidium	Cer
Chrom	Nickel	Helium
Blei	Merkur	Lanthan
Neodym	Neon	Skandium
Selen	Strontium	Vanadium

Die meisten Menschen haben erkannt, daß der Körper bestimmte Mineralstoffe benötigt, um seine Gesundheit zu erhalten. Jedoch nur wenige wissen, daß diese Mineralstoffe in **organisch-gebundener Form** vorliegen müssen, damit sie vom Körper nutzvoll aufgenommen werden können.

Beachten Sie folgende Fakten:

1. Mineralstoffe, die natürlich in der Erde und im Wasser vorkommen, sind **anorganisch**.

2. Mineralstoffe, die in Pflanzen und im Menschen vorkommen, sind **organisch gebunden**.

3. Nur **Pflanzen** können anorganische Mineralstoffe organisch binden.

4. **Tiere** müssen Pflanzen oder pflanzenfressende Tiere fressen, um organisch gebundene Mineralstoffe zu erhalten.

5. **Anorganische Mineralstoffe** sind nutzlos und schädlich für den menschlichen Organismus.

Mineralstoffzusätze haben keinerlei Nutzen für den Körper, da sie:

1. anorganisch und
2. fragmentiert sind.

Da Mineralzusätze anorganisch sind, können sie vom Körper nur minimal verwertet werden. Tatsächlich muß der Körper noch schwerer arbeiten, um das Ungleichgewicht, das durch die Zuführung dieser Zusätze entsteht, auszugleichen. Der Körper beschleunigt seine Ausscheidungsaktivitäten und arbeitet schwer, um diese Fremdsubstanzen wieder loszuwerden. Diese Stimulierung wird häufig fälschlich als »nützliche Wirkungsweise« der Zusätze angesehen. Tatsächlich sind solche Zusatzstoffe überhaupt nicht von Nutzen. Sie sind schädlich, da sie belasten und die Ausscheidungsmöglichkeiten des Körpers überfordern.

Alle Mineralstoffe, die vom Körper benötigt werden, können durch eine abwechslungsreiche Ernährung aus Früchten, Salate, Gemüse, Nüssen, Samen und Sprossen in natürlichen unverarbeiteten Zustand erhalten werden.

Fette

Die heutige Zivilisationskost ist viel zu fettreich, was zu Krankheiten und sonstigen körperlichen Problemen führen kann.

Der Fettverzehr sollte so niedrig wie möglich sein. Mahlzeiten, die hauptsächlich aus Früchten, Salaten, Gemüse und kleinen Mengen an Nüssen und Samen bestehen, stellen alle Fette, die wir benötigen, zur Verfügung und decken auch alle anderen Nährstoffbedürfnisse in optimaler Weise.

Gebratene, gekochte, frittierte und gebackene Fette sind Mitverursacher eines schlechten Gesundheitszustandes. Es gibt keine wirkliche Notwendigkeit für tierische Fette, erhitzte Fette, extrahierte Öle oder Nahrungsmittel mit hohem Fettgehalt.

Fette haben unterschiedliche Bedeutung für die Gesundheit des Körpers. Die meisten Kostformen haben einen Überschuß an Fetten. Dies führt zu Krankheiten und sonstigen körperlichen Problemen. Der Fettverzehr sollte so niedrig wie möglich sein.

Ein Mangel an Fetten bei der Ernährung hat Seltenheitswert. Gewöhnlich kann dies nur der Fall sein nach einer Hungerzeit oder durch Stoffwechselschädigungen. Fette sind in all unseren Lebensmitteln enthalten.

Nahrungsmittel mit hohem Fettanteil sind schwer verdaulich und sollten auf kleine Mengen beschränkt werden, das heißt keine tierischen Fette, freien Öle oder erhitzten Fette. Nur natürliche Pflanzenfette sind akzeptabel.

Fette stellen bei den meisten Menschen einen größeren Kalorienanteil als alle anderen Nahrungsbestandteile. Die Kost des Durchschnittsbürgers in den USA und den meisten europäischen Ländern besteht zu 40 Prozent aus Fett. Der Mensch ißt Tierprodukte, die einen hohen Fettanteil haben, er mischt seine Salate mit Öl, er streicht sein Brot mit Butter, Margarine oder Schmalz, ißt in Schnellrestaurants, wo die meisten Speisen in Fett gebacken, gebraten oder frittiert werden. Er lebt vorwiegend von fetten Nahrungsmitteln und leidet unter den schwerwiegendsten Gesundheitsproblemen. Seine Arterien sind oft von Cholesterin verstopft, er ist kurzatmig und stirbt häufig schon in seinen besten Jahren.

Fett ist nicht der einzige Missetäter der heutigen Zivilisationskost. Genaugenommen ist Fett nicht »schlecht«, genauso wie Eiweiß und Kohlenhydrate weder gut noch schlecht sind. Fett ist für die Ernährung des Menschen notwendig. Es ist in jedem Lebensmittel enthalten, das wir verzehren; sogar Gurken, Wassermelonen und Äpfel enthalten geringe Mengen an Fett.

Es geht um die Herkunft der Fette und wie die Fette in der Ernährung zubereitet werden.

Fette sind wie Kohlenhydrate aus drei Elementen zusammengesetzt: Kohlenstoff, Sauerstoff und Wasserstoff. Sie sind jedoch wesentlich ärmer an Sauerstoff und reicher an Kohlenstoff und Wasserstoff als Kohlenhydrate. Aufgrund ihres höheren Kohlenstoff- und Wasserstoffanteils haben Fette ein größeres Wärme- oder Energieäquivalent als Kohlenhydrate.

Fette, die in Pflanzen enthalten sind, entstehen durch Wasser und Kohlendioxyd mit Hilfe von Chlorophyll. Dies geschieht auf ähnliche Weise wie Kohlenhydrate in Pflanzen entstehen. Fette, die in Menschen und Tieren enthalten sind, stammen aus zwei Quellen:

1. aus Fetten, die in der Nahrung enthalten sind, und

2. aufgrund des Metabolismus von Kohlenhydraten, die in Fette verwandelt werden.

Soweit es den Verdauungsprozeß beim Menschen betrifft, sind Fette aus zwei Bestandteilen zusammengestellt: Glyzerin (oder Glyzerol) und Fettsäuren. Glyzerin ist die Energiequelle von Fetten und wird fast auf die gleiche Weise wie Kohlenhydrate metabolisiert. Glyzerin wird in Zucker abgebaut und kann dann vom Körper als Brennstoff verwertet werden.

Fettsäuren werden häufig als Ketten von Wasserstoff-, Kohlenstoff- und Sauerstoffatomen bezeichnet. Vereinfacht ausgedrückt: Fettsäuren sind im Vergleich zu Fett das, was Aminosäuren im Eiweiß sind. Die Ketten der Fettsäuren haben Glieder, an denen zusätzliche Wasserstoff-, Sauerstoff und Kohlenstoffhydrate angeschlossen werden können.

Wenn Wasserstoff an diese Glieder angeschlossen wird, wird Fett fester. Es wird dann als hydriertes Fett bezeichnet. Alle festen Pflanzenfette, wie zum Beispiel Biskin, Margarine usw., sind hydrierte Fette. Schließt sich Sauerstoff an eine der Fettsäureglieder an, wenn das Fett der Luft ausgesetzt ist, so wird es ranzig.

Ungesättigte Fette bestehen aus Fettsäuren, in denen ein oder mehrere Kohlenstoffatome in der Kette nicht alle Wasserstoffatome enthalten, die möglich wären. Anders ausgedrückt: Ungesättigte Fettsäuren haben offene Glieder in ihren Ketten. (Der Chemiker sagt: sie haben Doppelbindungen.)

Diese offenen Glieder in den Fettsäureketten sind wichtig. Der Körper ist in der Lage, durch diese offenen Glieder verschiedene Nährstoffe mit den Fettsäureketten zu verbinden. Die Verbindung der Nährstoffe und Fettsäuren macht es für beide möglich, daß sie durch den Körper transportiert werden und für den Aufbau der Zellstruktur verwendet werden können.

Tierische Fette enthalten nur sehr wenig ungesättigte Fette. Hauptquellen für ungesättigte Fettsäuren sind Nüsse und Samen. Fast alle Pflanzenfette in ihrem natürlichen Zustand besitzen einen hohen Anteil an ungesättigten Fettsäuren.

Die Bezeichnung »mehrfach ungesättigt« bedeutet, daß eine große Anzahl von Fettsäuren zwei oder mehrere offene Glieder in ihren Ketten haben. Diese pflanzlichen mehrfach ungesättigten Fette werden für die Herstellung von Margarine und Backfett verwandt. Dies wird durch Hydrierung (Härtung) erreicht.

Die Hydrierung bewirkt, daß flüssige Fette fest werden, indem Wasserstoffatome in die offenen Glieder der Fettsäureketten eingebracht werden. (Dadurch werden die Doppelbindungen zu einfachen Bindungen.) Wenn ein Fett vollkommen hydriert wird, ist es steinhart. Dieser Prozeß kann jedoch gesteuert werden, so daß Fette mit unterschiedlicher Konsistenz (Härtegrad) hergestellt werden können. (Durch Hydrieren werden aus ungesättigten Fettsäuren gesättigte Fettsäuren.)

Während des Hydrierungsprozesses werden die Fette und Öle auf Temperaturen von 100 bis 200 Grad Celsius erhitzt. Wasserstoff wird dann gemeinsam mit einigen Katalysatoren, wie zum Beispiel Nickel- oder Platinverbindungen, beigemischt. Die Fettsäuren nehmen die Wasserstoffatome an und verfestigen sich.

Das Erhitzen des Öls während dieses Prozesses zerstört alle Vitamine. Die Zuführung von Wasserstoffatomen füllt die offenen Glieder in den Fettsäureketten und verhindert, daß sich die Nährstoffe mit den Säuren verbinden können. Folglich können hydrierte Fette nur leere Kalorien und keine echten Nährstoffe zur Verfügung stellen.

Da hydrierte Fette nicht ranzig werden (also auch kein Leben mehr enthalten), werden sie in großen Mengen hergestellt. Margarine, Backfette, Schmalz und Erdnußbutter sind zum Beispiel einige Produkte, die hydriert wurden.

Wie hydrierte Fette können auch gesättigte Fette keine Nährstoffverbindungen im Körper eingehen. Folglich können sie auch vom Körper nicht wirksam für die Zellbildung verwendet werden. Gesättigte Fette sind gewöhnlich leere Kalorien und tragen nur zum Fettaufbau im Körper bei. Sie haben keine nützliche Funktion.

Cholesterin: Bösewicht oder Held?

In Begleitung gesättigter Tierfette befindet sich Cholesterin, welches als »Cousin« der Fettfamilie bezeichnet werden kann.

Cholesterin ist eigentlich keine schädliche Substanz. Der Körper braucht es in all seinen Geweben. Es ist im Gehirn, in der Wirbelsäule und in der Haut enthalten. Cholesterin ist Teil der Rohmaterialien, woraus Gallensalze, Sexual- und Nierenhormone sowie Vitamin D gebildet werden. Es verbindet sich mit Eiweiß und macht es dadurch möglich, daß Fette zu den Zellen getragen werden.

Die Leber produziert das gesamte Cholesterin, das der Körper für seine Funktionen benötigt. Im Durchschnitt werden täglich ungefähr 1–1,5 g Cholesterin gebildet, gleichgültig ob Cholesterin in der Nahrung, die gegessen wird, enthalten ist oder nicht.

Wird zusätzliches Cholesterin durch die Nahrung aufgenommen, so kann ein Überschuß entstehen, wenn die Leber überlastet ist und ihre natürlichen Regulationsmechanismen nicht mehr richtig funktionieren. Ein Mensch, der Tierprodukte verzehrt, nimmt täglich etwa 800 Milligramm Cholesterin auf. Dieses zusätzliche Cholesterin wird vom Körper oftmals an den Arterienwänden abgelagert, weil es nicht ausgeschieden werden kann.

Mit zunehmenden Ablagerungen entsteht Arteriosklerose oder »Arterienverhärtung«. Die Arterien werden eingeengt und der Kreislauf ernsthaft in Mitleidenschaft gezogen. Der beeinträchtigte Kreislauf trägt zu einer Vielfalt von Problemen bei, wie Gehörverlust, Bluthochdruck, Kurzatmigkeit, Schwindelgefühle, Herzinfarkt, Glatzenbildung usw. Alle Gewebeteile des Körpers werden in Mitleidenschaft gezogen, da nur eine reduzierte Menge Sauerstoff und Nährstoffe die Zellen erreichen kann.

Arteriosklerose (Arterienverhärtung) beeinträchtigt den größten Teil der »zivilisierten« Menschen, ungeachtet ihres Alters. Autopsien an Säuglingen, die nicht einmal ein Jahr alt waren und mit kommerziell zubereiteter Babynahrung gefüttert worden waren, zeigten, daß bereits größere Mengen an Cholesterin in den Arterien abgelagert waren.

Es besteht absolut kein Bedarf für gesättigte Fette oder Cholesterin in der Nahrung. Der Körper stellt sein Cholesterin selbst her. Der Verzehr zusätzlicher Mengen in Form gesättigter Tierfette kann die Gesundheit des Körpers zerstören.

Fettverdauung

Die Fettverdauung dauert wesentlich länger als die Verdauung von Kohlenhydraten und auch noch etwas länger als die Verdauung von Eiweiß. Ein Rohkostsalat, der aus nichtstärkehaltigen Salaten und Gemüse besteht, kann innerhalb von zwei bis drei Stunden verdaut werden. Werden aber freie Fette, wie zum Beispiel Mais-, Sesam-, Erdnuß- oder andere Öle, dem Salat beigefügt, so benötigt die Verdauung zusätzlich zwei oder drei Stunden.

Wenn wir unseren Speisen freie Öle zufügen, so wird der natürliche Verdauungsprozeß behindert, da die Verdauungssäfte keinen Zugriff zu der Nahrung haben, bevor nicht die Öle verdaut sind. Folglich gären die Kohlenhydrate oder faulen die Eiweißstoffe von Pflanzennahrung im Magen, bis die Öle oder Fette, die die Nahrungsteilchen umgeben, verdaut sind.

Fette erfordern eine besondere Verdauung

Freie Fette benötigen – anders als Kohlenhydrate – eine besondere Verdauungsaktion, bevor sie aufgenommen werden können. Die Endprodukte der Verdauung werden in einem Wassermedium (d.h. im Blut bzw. im Lymphsystem) befördert. Freie Fette sind in diesem Wassermedium nicht löslich oder transportierbar, bevor sie nicht speziellen Veränderungen unterzogen wurden.

Nachdem Fette den Magen verlassen, gelangen sie in den Zwölffingerdarm. Ihre Gegenwart stimuliert die Gallenblase, die die Galle in den Dünndarm führt. Die Galle emulgiert (verteilt [einen unlöslichen Stoff in einer Flüssigkeit]) alle Fette im Darmtrakt.

Die emulgierten Fette werden dann durch Enzyme in Fettsäuren und Glyzerin aufgespalten. Nun können die Fette durch die Darmschleimhäute aufgenommen werden. Während der Aufnahme verbinden sich die Fettsäuren und das Glyzerin wieder mit kleinen Mengen Eiweiß und bilden mikroskopisch kleine Fetteilchen, die Chylomikrone genannt werden.

Fette in Form von Chylomikronen sind nun soweit löslich, daß sie in die Lymphzirkulation gelangen können. Die Fettsäuren werden durch die Leber zu Azetat- oder Keton-Körperchen verwandelt, Energiequellen für die Zellen.

Das Fett, das nicht sofort für den Körperbedarf gebraucht wird, wird hauptsächlich in den Fettgeweben gelagert. Fettgewebe sind eine besondere Art von Geweben (sie befinden sich zum Schutz der Organe hauptsächlich in der Magengegend, Hüftgegend und am Gesäß), die die notwendigen Enzyme enthalten, die fortlaufend neues Fett produzieren oder freigeben, um den Körperbedarf zu decken.

Jedes Gramm Fett stellt neun Kalorien bereit. Dies ist mehr als zweimal soviel Energie, wie durch ein Gramm Kohlenhydrate erhalten wird. Der Körper verwertet Fette ungefähr auf die gleiche Weise wie Kohlenhydrate. Fett wird hauptsächlich als Energienahrung verwertet.

Fette werden in Energie verwandelt, indem sie in Fettsäuren und Glyzerin aufgespalten werden. Glyzerin wird dann entweder zu Glukose oder Glykogen umgewandelt. An dieser Stelle tritt dann der Prozeß des Kohlenhydratmetabolismus ein, um Glukose oder Glykogen zu produzieren.

Fette können zweimal mehr Kalorien als Kohlenhydrate bereitstel-len, unterliegen jedoch einem viel längeren Verdauungsprozeß, be-vor sie für den Kohlenhydratmetabolismus zur Verfügung stehen. Kohlenhydrate sind als Brennstoff für den Körper viel besser geeignet. Fette sind aber wertvoll, da sie eine Art gelagerter Energie darstellen. Sie sind als Brennstoffquelle in der Ernährung aber nicht notwendig.

Fette werden in größerem Umfang im Körper gespeichert als Kohlenhydrate. Sie können in Brennstoff umgewandelt werden, wenn die Kohlenhydratreserven des Körpers erschöpft sind. Das geschieht zum Beispiel, wenn ein Mensch fastet oder extrem kaltem Wetter ausgesetzt ist. Wenn die eingelagerten Kohlenhydratreserven der Leber erschöpft sind, werden die Fettreserven des Körpers als Nachschub metabolisiert.

Ernährungsumstellung

Symptome während der Ernährungsumstellung

Bei einer Umstellung der Ernährung können bestimmte Symptome auftreten. Wer diese Symptome nicht kennt, kann Angst bekommen oder den Mut verlieren, obwohl sich seine Gesundheit verbessert.

Wissen vertreibt Furcht und stärkt den Willen zum Erfolg. Wenn Sie von den Erfahrungen anderer lesen und erkennen, wie harmlos und vorübergehend diese Symptome sind, wird Sie dies ermutigen, weiter an der Verbesserung Ihrer Ernährung zu arbeiten.

Der Körper besitzt vollkommene Selbstheilungskräfte, die nach bester Gesundheit streben, wenn man es ihnen erlaubt.

Durch falsche Lebens- und Ernährungsgewohnheiten gelangen Toxine in den Körper, die die Ursache von Krankheiten sind. Der Körper kann diese Toxine entfernen und die Gesundheit wiederherstellen, wenn die Ernährung gesund ist oder wenn man auf Nahrungsaufnahme verzichtet.

Die Ausscheidung dieser Toxine kann von Symptomen wie Kopfschmerzen, Übelkeit, Gewichtsverlust usw. begleitet sein, aber die neue Ernährungsweise oder die bessere Lebensweise ist nicht die Ursache dieser Symptome. Durch vieles Trinken, insbesondere hoch verdünnte Gemüsesäfte, werden die Symptome stark abgemildert oder verschwinden ganz!

Sobald der Körper einen guten Gesundheitszustand erreicht hat, klingen die Symptome ab und verschwinden. Symptome sollte man weder unterdrücken noch als negativ ansehen. Statt dessen sind Ausscheidungssymptome Anzeichen dafür, daß ein vitaler Körper daran arbeitet, seine natürliche Gesundheit wiederherzustellen.

Durch die verstärkte Aktivität des Körpers, Giftstoffe auszuscheiden, werden natürlich auch die Ausscheidungsorgane, insbesondere die Leber und die Nieren, stärker in Anspruch genommen. Damit diese Organe entlastet werden und keinen Schaden nehmen, sollten sie wie oben schon erwähnt mit erhöhter Flüssigkeitszufuhr unterstützt werden.

Am besten eignen sich Kräutertees wie z. B. Brennesseltee oder hochverdünnte Gemüsesäfte. Die Verdünnung ist notwendig, da Saft als Nahrungsmittel anzusehen ist und nicht als Getränk, denn Saft bindet die vielfache Menge an Wasser im Dünndarm. Dem Körper fehlt dieses Wasser dann im Körperkreislauf.

Fast alle Symptome, die bei einer Ernährungsumstellung auftreten, sind auf die Bemühungen des Körpers zurückzuführen, sich selbst so schnell wie möglich zu entgiften.

Man kann diesen Prozeß unterstützen, indem man fastet und sich viel Ruhe gönnt. Viel Schlaf ist notwendig. Streßsituationen sollten vermieden werden. Während der Entgiftung wird Frieden und Ungestörtheit benötigt.

Symptome sollten nicht mit Medikamenten unterdrückt werden. Später werden sie um so intensiver zurückkehren.

Fasten

Fasten ist zur Wiedergewinnung und Erhaltung der Gesundheit von großer Bedeutung. In unserer heutigen modernen Gesellschaft herrscht wenig Wissen über die uralte Praxis des Fastens. Viele sogenannte »Experten« verbreiten Meinungen statt Tatsachen und behaupten oft, daß Fasten gefährlich sei.

Fasten ist nicht gleichzusetzen mit »Hungern«. Während des Fastens lebt der Körper von überschüssigen Reservestoffen, während des Hungerns wird dagegen lebenswichtiges Gewebe abgebaut. Während des Fastens heilt sich der Körper selbst. Im allgemeinen schafft eine Fastenkur optimale Voraussetzungen zur Selbstheilung.

Fasten stellt im wesentlichen eine Wasserdiät dar, eine Zeit, in der jemand nur Wasser zu sich nimmt. Fastenkuren sind im allgemeinen gefahrlos, solange man durch einen erfahrenen Therapeuten überwacht wird. Es ist viel wissenschaftliche Forschung über das Fasten betrieben worden, und diese Arbeit hat seinen Wert erwiesen.

Während des Fastens befreit sich der Körper von Abfallstoffen, die seine normalen Funktionen behindern, er verliert schnell Gewicht, was die Gesundheit verbessert, repariert sich effektiv und stellt eine gesunde physiologische Ruhepause sicher. Auch werden die Prozesse der Autolyse (Zerstörung unerwünschten

Gewebes), Fibrinolyse (Abbau von Blutgerinnseln) und der Phagazytose (Zerstörung von Bakterien und Fremdstoffen durch weiße Blutkörperchen) während einer Fastenkur beschleunigt.

Eine Fastenkur tut selbst nichts. Der einzige Agierende ist zu jeder Zeit der Körper selbst. Während des Fastens heilt der Körper sich im bestmöglichen Maße selbst. Ob der Körper sich von einem bestimmten Gesundheitsproblem befreien kann oder nicht, hängt von vielen Faktoren ab wie z. B. der Kraft und Vitalität des Körpers, dem Ausmaß der Gewebezerstörung usw. Im allgemeinen schafft eine Fastenkur jedoch optimale Voraussetzungen zur Selbstheilung.

Fastenbrechen

Eine fachkundige Überwachung des Fastenbrechens kann wichtiger sein als die Überwachung der Fastenkur selbst. Während der kritischen Zeit unmittelbar nach Beendigung des Fastens sind Vorsicht und Zurückhaltung geboten. Die ersten Lebensmittel, die nach dem Fasten angeboten werden, müssen sorgfältig ausgewählt werden und die Kontrolle der weiteren Ernährung ist von größter Bedeutung.

Nach dem Fasten ist Überessen zu vermeiden, und man sollte sich an Rohkost halten. Um eine dauerhafte Gesundheit zu bewahren, müssen neue Eß- und Lebensgewohnheiten entwickelt werden.

Schlußwort

Wir hoffen, daß Sie durch diese kurze Zusammenfassung die wichtigsten Prinzipien der natürlichen Gesundheitslehre verstanden haben. Es ist ganz einfach nach den Regeln der natürlichen Gesundheitslehre zu leben, wenn Sie sich bemühen, so natürlich wie möglich zu leben.

Da dieses in unserer heutigen modernen Konsumgesellschaft aber doch gar nicht so einfach ist, stellt Ihnen die Bionika Unternehmensgruppe verschiedene Hilfsmittel zur Verfügung:

Waldthausen Verlag

Gesundheitsbücher, »Fit fürs Leben«-Zeitschrift, Gesundheitskongresse, Fernlehrgang zum GesundheitsPraktiker, Seminare für Ärzte und Heilpraktiker.

Bionika Versand

Bücher, Produkte und Geräte für die Bereiche Ernährung, Bewegung (Sport), reines Wasser, Schönheit, Seele und Geist, Sexualität.

Seeschlößchen Dreibergen (Nichtraucherhotel)

Neue Eßkultur mit SonnenKost, Schlankheitswochen, Erholung, Entspannung, Seminare, Ausscheidungsanwendungen (Darmspülungen, Dauerbrausen,

Sauna, Tepidarien [Niedrigtemperatursaunen], Massagen, Gymnastik), natürliche Frisuren (Spezialität: Langhaarfrisuren nach George Michael), Schönheitspflege, Naturkosmetik.

Im Anhang dieses Buches finden Sie ein Literaturverzeichnis über Bücher, die sich mit der natürlichen Gesundheitslehre befassen.

Die Gesellschaft für natürliche Lebenskunde unterhält einen Beratungsdienst, der für Mitglieder kostenlos ist. In vielen Bundesländern sowie in Österreich und in der Schweiz gibt es Lebenskunde-Gesprächskreise und -Freundeskreise, an die Sie sich auch wenden können.

Weitere Informationen können Sie erhalten vom:

»Fit fürs Leben«-Informationsdienst, Postfach 1261, 27718 Ritterhude, und von der Gesellschaft für natürliche Lebenskunde, Postfach 1212, 27723 Worpswede.

Über den Autor

Manfred G. Langer hatte seit seiner Kindheit mit allen möglichen Krankheiten zu kämpfen. Mit der Ernährungsumstellung auf Vollwertkost verschwanden die ersten Beschwerden. *Manfred G. Langer* wollte mehr über die Zusammenhänge von Ernährung und Gesundheit wissen und wurde bei *Dr. Bruker* zum Gesundheitsberater ausgebildet.

Während seiner verschiedenen Reisen nach Amerika lernte er die »Natural Hygiene« die natürliche Gesundheitslehre – und deren Vertreter wie *Dr. Herbert M. Shelton, T. C. Fry, Harvey* und *Marilyn Diamond* und viele andere kennen und wurde durch das Studium des »Life Science Health«-System zum GesundheitsPraktiker und vertritt heute die ganzheitlichen Lehren über eine natürliche Gesundheit.

Literaturverzeichnis zur natürlichen Gesundheitslehre

Die mit einem x versehenen Bücher sind zur Vertiefung Ihrer Kenntnisse gut geeignet. Auch die weiteren Bücher sind empfehlenswert und tragen zur Erweiterung Ihres Wissenstandes bezüglich einer natürlichen Lebensweise bei.

Die Bücher können Sie bei Ihrem örtlichen Lebenskunde-Gesprächskreis, bei Bionika Gesundheitsprodukte, 27718 Ritterhude, oder bei Ihrem nächsten Buchhändler beziehen. Wenn Ihr Buchhändler das von Ihnen gewünschte Buch nicht hat, bitten Sie ihn, im VLB (Verzeichnis lieferbarer Bücher) nachzusehen.

x Dr. *Henry L. N. Anderson* »Ihre Gesundheit liegt in Ihrer Hand«, 194 S.

x *Hans Baumgardt* »Gesunde Kinder durch natürliche Lebensweise«, 246 S.

Hans Baumgardt »Ohne Fleisch gesund leben«, 138 S.

x *Hans Baumgardt* »Ursachen und Heilung von Allergien«, 205 S.

Hans Baumgardt »Vegetarismus gestern und heute«, 38 S.

x *Hans Baumgardt* »Wo finde ich was?« (Wegweiser für Gesundheitsliteratur), 290 S.

Dieter R. Baumgart »Unser täglich Wasser ...«, ca. 130 S.

Dr. med. *Fritz Becker* »100 Jahre alt werden? Kein Problem mehr!«, 220 S.

Dr. *Philippe-Gaston Besson* »Dynamisch leben durch Säure-Basen-Gleichgewicht«, 152 S.

Dr. *Paul C. Bragg* »Ernährung ohne Schadstoffe«, ca. 140 S.

Dr. *Paul C. Bragg* »Fit durch Rückengymnastik«, 129 S.

Dr. *Paul C. Bragg* »Füße, die Dich tragen«, 75 S., 14 Abb.

x Dr. *Paul C. Bragg* »Gesund essen ohne Irrtümer«, 170 S.

Dr. *Patricia Bragg* »Gesunder Körper – gesunde Augen«, 184 S.

Dr. *Paul C. Bragg* »Natürlicher Apfelessig«, 109 S.

Dr. *Paul C. Bragg* »Schöne gesunde Haare«, 167 S.

x Dr. *Paul C. Bragg* »Wasser – das größte Gesundheitsgeheimnis«, 244 S., 90 Abb.

Dr. *Paul C. Bragg* »Gesundes Herz auch im hohen Alter«, 216 S.

x Dr. *Paul C. Bragg* »Wunder des Fastens«, 258 S.

Karl Wilhelm Bruno »Priester, Tierschützer, Vegetarier«, 133 S.

Guy-Claude Burger »Die Rohkosttherapie«, 362 S.

Dr. *Ralph C. Cinque* »Neue Lebensgewohnheiten«, 200 S.

Bruno Comby »Stärken Sie Ihr Immunsystem«, 331 S.

Jakob Coudenhove-Kalergi »Ein neues Leben«, 126 S.

Cynthia Cournoyer »Impfen – Ja oder Nein?«, 228 S.

Dr. *Michael L. Culbert* »CFS – Das chronische Müdigkeitssyndrom«, 235 S.

Phyllis K. Davis »Die Kraft der Berührung«, 240 S.

x *Harvey* und *Marylin Diamond* »Fit für's Leben« Teil 1, 346 S.

x *Harvey* und *Marylin Diamond* »Fit für's Leben« Teil 2, 647 S., 50 Abb.

x *Marylin Diamond* »Neue Eßkultur mit Sonnen-Kost«, 372 S., über 180 Rezepte, 90 Abb.

Harvey Diamond »Unser Herz – Unsere Erde«, 244 S.

Dr. med. *Friedrich Dorschner* »Lebenskraft durch Fleisch?

Ein Märchen!«, 38 S.

Dr. med. *Friedrich Dorschner* »Milch, Quelle der Gesundheit oder Krankheit?«, 35 S.

x *Jan Dries* und *Inge Dries* »Lebensmittel richtig kombinieren«, 280 S., mit 200 Rezepten

Prof. *Arnold Ehret* »Vom kranken zum gesunden Menschen durch Fasten«, 137 S.

x Prof. *Arnold Ehret* »Die schleimfreie Heilkost«, 222 S.

Bernhard Eppich »Alles schwingt – Bioenergie-Training«,

157 S., 84 Abb.

Dr. *Patrick Flanagan* »Elixier der Jugendlichkeit«, 153 S.

Dr. *Edwin Flatto* »Aktiv l(i)eben in jedem Alter«, 224 S., 35 Abb.

Dr. *Edwin Flatto* »Gesund durch Bewegungstraining«, 220 S.

Dr. *Arnold Fox* »Positiv Handeln durch positiv Denken«, 200 S.

x *T. C. Fry* »Dynamische Gesundheit«, 138 S.

T. C. Fry, Dr. *H. Shelton* »Reines Wasser für die Gesundheit«, 134 S.

Dr. *Max Gerson* »Eine Krebstherapie«, 540 S.

Patrick Geryl »Topfit mit SonnenKost«, 200 S.

Paul Hauck »Ärgere Dich nicht!«, 130 S.

Dr. med *Heybrock-Seiff* »Richtlinien westlicher Atemtherapie«, 201 S., 70 Abb.

Dr. *Alan M. Immerman* »Vertrauen Sie Ihren Selbstheilungskräften«, 223 S.

Dr. *Zane R. Kime* »Sonnenlicht und Gesundheit«, 355 S., 80 Abb.

Manfred G. Langer »Gesund leben mit der natürlichen Gesundheitslehre«, ca. 110 S.

x *Manfred G. Langer* »Fleisch, Ursache von Zivilisationskrankheiten«, 48 S.

x *Manfred G. Langer* »Gesund durch natürliche Ernährung«, 46 S.

x *Manfred G. Langer* »Unser Wasser, Ursache von Krankheiten«, 39 S.

x *Manfred G. Langer* »Gesund werden – gesund bleiben mit SonnenKost«, 80 S., 47 Abb.

x »Fit fürs Leben« – Die Zeitschrift für Ihre Gesundheit, 48 S., 2monatlich

Paulus Johannes Lehmann »Naturkleidung – Wolle, Seide – Baumwolle«, 126 S.

Paulus Johannes Lehmann »Die Kleidung – unsere zweite Haut«, 432 S., 90 Abb.

Dr. *Elizabeth D. McCarter* »Die Sexualität des Mannes«, 173 S.

x Dr. *Robert S. Mendelsohn* »Trau keinem Doktor«, 234 S.

Dr. *Robert S. Mendelsohn* »Männermacht Medizin«, 230 S. Dr. *Robert S. Mendelsohn* »Wie Ihr Kind gesund aufwachsen kann ... auch ohne Doktor!«, 282 S.

George Michael »Haargeheimnisse«, 277 S.

George Michael »Haarpflege für den Mann«, 200 S.

Prof. Dr. *Michael Lukas Moeller* »Gesundheit ist eßbar«, 171 S.

Dr. *Michael T. Murray* »Das neue Saftbuch«, 327 S.

Will Munson »Auch Sie können Glück im Leben haben«, 168 S.

Dr. vet. *Donald J. Ogden* »Natürliche Haltung von Hunden und Katzen«, 178 S.

Divna Omaljev-Bongartz »Tagebuch einer Schwangerschaft mit SonnenKost«, 175 S.

Dr. *Gerhard Orth* »Unheilbare Krankheiten im Spannungsfeld zwischen Schulmedizin und Naturheilkunde«, 250 S.

x Dr. *Bob Owen* »Das Krebstagebuch der Ärztin Anne Rush«, 419 S.

Jamila Peiter »Pro und Contra Rohkosternährung«, 260 S.

Jane Peters »Hoffnung für Krebskranke«, ca. 200 S.

Wilferd A. Peterson »Fit fürs Leben durch kreatives Denken«, 202 S.

Dr. med. *Trudel Pollmächer* »Gesund werden – Ratgeber für biologische Heilweisen«, 185 S.

Ronald Sauer »Fußreflexzonentherapie mit Liebe und Licht«, 126 S.

x Dr. *Herbert M. Shelton* »Richtige Ernährung mit natürlicher Nahrung«, 308 S.

x Dr. *Herbert M. Shelton* »Fasten kann Ihr Leben retten«, 340 S.

Dr. *Herbert M. Shelton* »Syphilis – Irrtum der Medizin?«, 108 S.

Dr. *Herbert M. Shelton,* Dr. *Susan Hazard, T. C. Fry* »Nie wieder Herpes«, 205 S.

Gerhard Speer »Die Hölle im Hintern«, ca. 140 S.

Wolfgang Spiller »Dein Darm – Wurzel der Lebenskraft«, 238 S.

Wolfgang Spiller »Macht Kuhmilch krank?«, 171 S.

x Dr. *John H. Tilden* »Mit Toxämie fangen alle Krankheiten an«, 174 S.

Dr. *Norman W. Walker* »Wasser kann Ihre Gesundheit zerstören!«, 157 S., 20 Abb.

Dr. *Norman W. Walker* »Auch Sie können wieder jünger werden«, 208 S.

x Dr. *Norman W. Walker* »Frische Frucht- und Gemüsesäfte«, 226 S.

x Dr. *Norman W. Walker* »Strahlende Gesundheit«, 212 S.

x Dr. *Norman W. Walker* »Täglich frische Salate erhalten Ihre Gesundheit«, 223 S.

Dr. *Norman W. Walker* »Darmgesundheit ohne Verstopfung«, 223 S.

Dr. *Norman W. Walker* »Natürliche Gewichtskontrolle«, 224 S. Dr. *Norman W. Walker, Manfred G. Langer* »Zurück aufs Land zur Selbstversorgung«, 238 S.

x *Helmut Wandmaker* »Willst Du gesund sein? Vergiß den Kochtopf!«, 462 S. *Helmut Wandmaker* »Dick + krank oder schlank + gesund«,131 S.

Dr. *Devanando O. Weise* »Harmonische Ernährung«, 298 S.

Friedrich Georg Maria Wörner »Gesund sein ist ganz einfach«, 62 S.

Dr. *John Yiamouyiannis* »Früher alt durch Fluoride«, 283 S., 80 Abb.

x Dr. *John Yiamouyiannis* »Gesundheit aktiv – Das natürliche Ernährungs- und Fitneßprogramm«, 306 S.

Stichwortverzeichnis